太極拳透視

太極空無之境

眾妙之門・下卷 8

透視

陳傳龍

著

| 目 錄 |

陳傳龍 ————————————————————

欲成太極拳，必先了真意。

得真勤苦練，定臻無上功。

久練難有成，緣因假作真。

真在經歌中，求形一場空。

言「九陽真經」

他強由他強，清風拂山崗。
他橫由他橫，明月照大江。
他自狠來他自惡，我自一口真氣足。

　　此一「九陽真經」雖是武俠小說泰斗金庸大師，在其「倚天屠龍記」中所寫的一則內家功夫的秘訣，但在太極拳而言，實是一個精妙絕倫的至高境界。茲解讀如次：

　　「他強由他強，清風拂山崗」—太極拳雖是拳術，但在本質上卻是既是拳術，又是道家的修行之術、入道之門，非攻擊性的拳術。當達到至高境界之時，別人攻來，己則完全不在乎，不與彼爭，只以像一陣清風拂過山崗一樣的心情應對，瀟灑自在，令對手的攻擊完全落空而消失，我自己則隨時可以打他，這在太極拳的歌訣中，就有「應物自然，西山懸磬」、「任他巨力來打吾，牽動四兩撥千斤」、「能方能圓，屈直隨形」、「順人之勢，借人之力」、「捨己從人」也完全是求達到此一境界，實是一個至高的境界，不與人爭，反能得到勝利。

　　「他橫由他橫，明月照大江」—也是言同樣的情形，當人攻來，我的心情有如照大江的明月，不急不忙，輕鬆自在。

「他自狠來他自惡，我自一口真氣足」──他的攻擊愈是狠，等於他自己打自己，打得愈狠，自己敗得愈慘，太極拳也就是這樣的一種拳術，人來力愈大，就跌得愈猛，而我所以能如此應敵，只是憑藉自己真氣的充沛，能夠「清風拂山崗」、「明月照大江」，也是由於「我自一口真氣足」，到時用以應對的是自己的一口真氣，而非肢體骨肉。太極拳本是道家的思想，以柔弱勝剛強，道德經云：「夫唯不爭，故天下莫能與之爭」、「後其身而身先，外其身而身存」、「取天下常以無事，及其有事，不足以取天下」，這也全是太極拳的思想，太極拳全是這一思想的具體體現。

陳傳紀 ｜ 謹述於臺北
2018年11月15日

走架九如訣

1、如止水之寂靜
2、如天鳥之翔空
3、如江河之奔流
4、如驚濤之拍岸
5、如蛟龍之戲水
6、如怒海之翻騰
7、如蒼鷹之落坡
8、如池邊之觀魚
9、如神貓之捕鼠

【說　明】————

　　太極拳練到功深以後，心中運作的全是心神意氣，其能量即是勁，是功深時的勁，合稱為氣勁。一般的勁是肌肉柔軟的能量，是用意不用力的力，二者都是內勁，為太極拳的體之所在。

　　由於運作的是心神意氣，已非一般的肢體活動，身上的感覺就不一樣，氣勁全由心意來運行，心一靜，氣勁即靜；心一動，氣勁即動，所謂「以心行氣」，靜則心如止水，如在觀魚，如貓之捕鼠，氣勁也隨之靜止，寂然不動。動則氣勁如洶湧之波濤，翻騰之怒海，奔流之江河，拍岸之驚

濤，拂柳之微風，身則如高翔之飛鳥，戲水之蛟龍，落坡之蒼鷹，凡此種種感覺，全由心意運作氣勁所產生，內中隱含排山倒海之勢，但心仍是靜，能靜乃能運行氣勁。如此運作可增進心神意氣勁的功境，至大至剛，無止無盡。運作的全都是氣勁，在感覺上已將有形的身體，化成了無形的氣體。

　　這一定要知心神意氣的修習，才能進入這一功境。操作拳招姿式是完全不同的兩回事，不可能有此感覺，達此境界。

陳傳龍｜謹述於臺北
2018年7月19日

小公園中傳承的太極拳奧秘

在臺灣島上的一座小公園裡，太極拳千年絕學的精奧正在默默傳承著。不分晴雨寒暑，陳傳龍老師總是準時出現在小公園，為有心人講解演練太極拳的真實內涵，多年如一日。

陳老師教學內容皆來自親身實證太極拳經論，不尚玄虛也不重瑣碎架式技法。每次上課一開始，他都諄諄告誡正確練法與錯誤練法，言明太極拳與外家拳的差異，並舉出經論及歷代名家所言，釐清太極拳界廣泛流傳的錯誤，強調明白正確拳理，才不會誤入歧途枉費工夫，而只要掌握內在運動的拳法實體，則可不拘外在姿勢形式，都可以是太極拳。

在上課講解提示之後，陳老師接下來或以自身示範，或與學生推手驗證動作有無符合拳理。每當發現學生偏離功動狀態，而有手動等「先天自然之能」而來的妄動時，他就會反覆提點，指正許多連學生自己都毫無自覺的偏差。學生們與老師接手最常收到的評語，就是一句微笑：「自己動了哦！」當機受教的資深學生每每點頭稱是，而初學者卻常常一頭霧水。

老師之所以如此不厭其煩在細膩處深入點撥，正是因為太極拳依循老子「反者道之動，弱者道之用」的規律，與世人習慣動作方式相反，以致太極拳雖天下皆知，但真正願意捨棄成見、虛心受教者少，也因此他不放過任何可以提升學生拳藝的契機。不論是資深或初學，老師都可以在

學生當時的水平上，精確調整往更上一層樓的方向。凡是持之以恒、不斷自我修正的學生，便能隨個人心性體質各自展現出漸悟懂勁的成效，斯乃拳不負人之實證。

　　陳老師對於學生們一視同仁，只要是誠意學拳者，都會根據學生個人條件因材施教。在老師一心發揚拳道的平等教學氣氛下，雖然學生們的社會地位背景與練拳經歷不同，彼此間卻沒有身分或輩分的高低待遇。每當老師教學告一段落後，大家便在小公園幾方空曠地、樹蔭下、遮雨處融洽互相練習，也都無私分享個人練拳心得。在這種師友間自發形成的共同學習環境下，每位學生便由不同角度領悟了太極拳層層的細微體用。每當老師準時動身下課回家，大家才發現時間倏忽已過，或者工作累積身心疲勞，練拳後精神反而變好了。

　　其實這麼多年來，老師傳授重點一直忠實聚焦在太極拳體用的基本原則，例如鬆柔、伸縮、扭轉、開合、動胯不動手、開檔扭胯變身形等基本原理，乃至於用意不用力、用內在氣勁、不用外在形體等進階功法。不過，即使老師已經用簡明白話深入淺出闡釋古代經論奧秘，且隨時可用任何動作招式展示發勁，一再讓學生們對真正的太極拳興起信心，但對於出生後就開始用力、用手的一般人來說，有時難免會有一些茫然感。

　　為接引學生便於進入純正太極拳道，陳老師在2017年間歸納太極拳的基本內在動作原理，創編出了「神意十八

式」及「柔身十二法」，輔助現代人體驗功動而非肢體動作、關節動作的狀態。此外，老師也在2018年整編出「太極拳三十九式」，引導學生藉外在拳架演練太極拳的動作內質。這些寶貴心法、訣竅都是老師多年深入實證精華，也是歷代宗師不輕易外傳的秘密，而老師不但願意公開，更循循善誘引領學習，且不求名利回報，正是人不負拳的弘道風範。

我自己是在2016年8月有幸拜入老師門下學拳，起初自以為練過瑜珈筋骨柔軟，而且以往有閱讀古文根底，自認可以理解太極拳書中道理。不過，當老師發勁到自己身上，身體就像打水漂一路向後彈跳，老師見狀就笑說我身體很僵硬！相較之下，某些已經跟隨老師練習一段時間的師兄姐們，接到老師發勁之後的身體是雙腳輕穩貼地滑行一小步，或甚至只有像柳樹稍微晃動，所以原本我自以為的身體鬆柔，其實是木頭人的程度。至於開始練習推手時，我覺得自己應該是身體輕靈、反應敏捷，反而常被老師及師兄姐們一再指正下盤根勁不穩、上身亂動！而在練習發勁時，原本想遵從老師所教各種身法不破、用腳使力的方法，結果常常是不自覺用手出力、肩膀僵硬，即使努力還是發勁不順暢。

所幸承蒙老師及諸位師兄姐們數年來不棄，一再示範正確站姿與動法，一再提點粗大或細微缺失，自己才逐一發現心不安定時，身體緊張就容易用慣性反應，進而僵

硬、用力、頂抗，唯有心靜身定才能漸漸反觀自身動作種種缺陷、凹凸、斷續，改用一動即鬆、動中去僵的方式應對，也才更加理解老師先前指正「身體自己動」的意思。若非如此，自己原本以為推手時身體已經很被動了，利用感應來力藉機轉動、後退或反推，這應該就是太極拳了吧？現在才知道，如果這些被動技法沒有符合上空下實、胯動而上身不動的原則，依然還只是外家拳而非真正太極拳。而一旦能有幾分落實上身鬆柔不動，發勁時便可體驗幾分用腳使力、用意不用力的奧妙了。個人在此的粗淺心得分享，其實只算剛剛入門程度而已，希望今後繼續勤能補拙，企及老師飄逸如雲的姿態。

　　這些年來每次到小公園練習太極拳，看到老師以九十多歲高齡慣例準時現身教拳，即便學生們來來去去，也不論是豔陽高照、清風徐來或驟雨穿林打葉，依然總在小公園各處角落與學生們論道對練，這種天道酬勤的精神，應該就是老師能夠深入太極拳堂奧的不二法門吧。

　　以上所言，謹記師友提攜之恩，也感謝在小小臺灣能有這樣大大的學拳機緣！

何建志 ｜ 2019年6月3日

本文作者簡介｜【何建志 博士】

臺北醫學大學醫療暨生物科技法律研究所副教授
衛生福利部病人自主權利法審議會委員

太極拳 | 透視 |

2002/7/2 —— 兩人相接，明其虛實最為要，虛實即陰陽，而後能運用陰陽制之，發之。

7/3 —— 彼力不來，只走化，我攻時必假加力於彼以引之，使之現虛實，我即可避實擊虛，四兩撥千斤。

　　彼柔守而不攻，我佯作擊打在先，引出虛實，隨即換勁擊彼，彼必跌出，為奇正交生之用法。

　　彼柔化，擊時先以意拿住彼，使不能轉化而後發之。彼只守，雙手不來，我使彼與我相接，旋用虛實奇正擊之。

7/8 —— 抽絲必以兩骨節互相著力而抽，身方柔順，如僅以一骨節則滯重。

　　彼急衝來，我即提後腿入腰，彼必跌無疑。或急以落胯、搬攔捶、抱虎歸山、閃、提手上勢、起勢等應之。或以扭臀攦之。

7/13 —— **一柔破萬招**—被壓制受威脅時，只要周身一柔，即可反背為順，可以反制彼，丟擊任自由。且一柔即已開檔落胯，彼已落空。彼如何來，我即如何柔，吸彼勁以消彼勁。

7/14 —— 兩力相接，不但要化淨，更要同時以虛處找彼虛處擊之、繞之、纏之。（用打拳任一招之心擊之亦可，因其中已有脫離、準備之功）

7/16 —— 練拳的一舉一動是在化盡彼力並佔勢。每一動，內勁走動變化又多又快，功在用胯腿。力迫我身，我以伸腰揉僵發之，或以皮毛發光、抱肚脫身等發之。

7/19 —— **牛舌功**—化盡彼力，意想身如牛舌，舔彼之虛。太極拳本是用放棄、脫離，為而不為，認真之中要有不認真才妙，發勁亦必如此。

7/20 —— 氣自手吸入腰腹後，再向下貫於腿腳，手上勁即大。

7/21 —— **乾坤棍**—手中好像拿著一支棍，意想以腰胯為軸柱發力舞棍，即類同以招式發人，以活腰胯之勁。

發勁用丟彼之實，鑽彼虛洞，百發百中。除彼之力之頭外（力之前端），處處可擊，動身不動手。

7/22 —— 引勁之法，分主動引、被動引、及同時進行三法。

引彼相頂，明其虛實。

引彼入我發勢。

引彼落空、失勢。

引彼自認得勢，實入危境（假敗）。

引彼注意力，以顯虛實。

引彼防守一方，擊其不防。

引彼成僵。

引彼相頂，造發機，假拿為引，以明彼虛實。

引彼虛實，現而擊之。

以心意在各招各式中練之，進功不可限量。

收，為蓄、化、引；伸，為發。手要動，不自動，用腰胯動四肢，實是進功捷徑，乃可周身一家。

用頸椎或脊椎中一段細神經流動運氣，發力奇大，不可小覷，簡單易行，不用發拳，拳自出，迅如閃電。用頸椎最快最強，不用動形招自出。

7/24 —— 彼力來，我化中寓接，即為引拿彼勁。

7/25 —— 彼拉我左手，我順彼之勢，隨他去拉，同時用右手或腿腳之勁擊之。

7/26 —— 掌心發光，同時對著遠處之一點，將之吸入心中，勁氣乃協調統一。

7/28 —— 專練發光。心想掌肩等局部放光，以練內氣強勁，胯踝等處都要練。

　　練分勁，以分胯、膝頭、腳、檔發。我先集力於胯等一處，分開時，身上他處已丟脫鬆開，發勁凌厲。

　　假想地下有力將吾胯突然下拉入地亦是發勁，多練勁大增。

　　把人推出不可用推想，而是用腰把彼背後之物吸回。

7/29 —— 掌心一點吸遠處一物入心中。用皮毛化發一體，一挨我，即發。發人以吸回、拉回之心最佳，不可用發出之心。將氣下噴發亦佳。

　　四合勁—意想胯膝四點力合為一氣來發，或合踝膝四點，發時全不用手。

7/30 —— 分勁發，隨時可用。蚯蚓腿、蝸牛腰，發勁厲。用呼吸勁大，做蚯蚓、蝸牛才順。

7/31 —— 脫離、放棄、不玩，皆有化發之功。

先迫彼使之頂，隨即將勁回收，改以虛勁吸彼之虛發之。如彼頂我，我吸盡彼勁，同時以虛勁吸彼之虛發，類同不玩後抱彼，或以皮毛化彼實入彼虛發。

8/1 —— 將彼勁接妥後，用腳根喊一聲，彼即跌出，妙極！它節喊也一樣，喊即發，突然喊一聲，出其不意。是在心中喊，不是真喊。

浮，大海浮物；漏，意想桶底漏水練功；意想身如橋墩抵洪水衝過，身內即似浪濤洶湧翻滾。

8/2 —— 脫離現況、不顧現況，改作打任一拳招式發，不可不知也，其中有避實擊虛之功。拳招式要符合拳法，才能產生作用。即是要用腰胯腿腳打，不是用手打。

8/6 —— **鑽樹功**—假想在樹枝之間任意穿梭，行住坐臥都可想。充實己身之氣勁，用時身手即靈活。

8/7 —— 推手時，我心中預設任一招式，旋即丟彼而只做招式，讓對手跌出。或用鑽樹功，自創招式用之。

最佳是先微動即止，即改以招式擊之，全以智取，而非力敵。第一擊彼未倒，改換招式擊之。功在猝然化彼之實，擊彼之虛。

爬牆功—意想要爬上牆頭，不許用手，手只可扶著，用腰腿或用腰脊作屈伸。用意即是在練功。

運用招式時，一定要脫離現場，不管彼如何，只做招式，腦中把彼丟開，忘記現場為上上法。

運胯功—運動兩胯，使十分活潑，異常靈巧，周身柔綿不亂動為前題，招式之變化即在運胯。

運化功—彼碰我，被碰處還未動，而腿中、腳中已快速產生無窮變易，有氣即散開。

軟踝功—小腿與腳上已絕對無力。

金剛腿—自覺兩腿軟弱無力，軟弱無力才能產生剛勁，人多不知不用力之功。不用力而能有內勁，內勁才是太極拳的本體，所以要求鬆柔不用力。

8/8 —— 不可將氣鼓在一處，一有即散開運用，才不會為人所乘，才柔。鼓在一處，該處即僵滯，要運化開才活。

一切運轉，均在運散僵滯之氣，不為人所乘，即求柔。

8/9 —— 身上或兩腿運轉氣勁，彼即後退甚至跌出，但必須心知肚明機勢，走虛線。

假想躲到自己招式中，彼已出去。要脫離彼之攻擊或壓力，猝然改變形勢，躲進自己之招式，或自己怪姿中，是絕招。自己做個怪樣子即招式，或學動物，此即用招式化發。

8/10 —— 以接處吸回代發光發更佳，意吸身不吸，或先發光隨即改吸，一吸身上氣勁全出。

走絲勁—即勁如一根絲在身內走動，可用以制人、纏人。走絲以絲在兩腿中來往為基礎，必要時亦可走到上身，或由一腿經腰胯走入另一腿，視機勢而行。有需用時走到上半身或彼身（全是意），以纏制彼身，使彼跌出為目的。

彼以掌在我身上頂住，心中只發彼掌中一點，彼即跌出。原因在於力集一點，反是全身之力。

先用先天之發念壓之，旋即退回不用，改用他處發，此陰陽之變易也。（先壓之，引彼勁出，旋即改用任一招式更便捷）先用手推，旋即用腰把它吸回。

8/11 —— **縮骨伸筋**—縮，為縮骨；伸，為伸筋。此亦為一呼一吸。

以斷丟發放極為重要，不可一味黏連著。先制彼使之有力的方向，旋即猝改招式擊發，即是斷丟。因改用招式擊發時，一定已鬆腰落胯斷丟彼勁，令彼不知然後發。

落胯卸彼勁，極妙。彼力加於我身時，我一落胯，將彼力順勢卸去，彼一定落空跌出。只要力加我身，隨時可用。

鬆放腰胯落空妙，用任一招式發放都能成功，主要由於胯腰鬆落使彼落空，同時擊其虛處，令彼不防。

8/12 —— 心以手接，錯。要以身接，方可不為人知。化以用打任一招式化，彼必跌。一有壓力，即做招式站穩自己，彼必已落空跌出。招式要用腰腿勁打才可以。

8/16 —— 胯腰要心中誇張的動，乃可有力且 ，仍要鬆，每動皆由腿負責，由腿運氣，於是周身氣流轉。

一有壓力，心中即打任一拳招應之，不可只化。

用大椎轉動周身骨節，不發拳，拳自出，快迅無比。

8/17 —— **陰陽點**—彼在我身上兩點，即以陰陽處理之。單手一樣可以有二點，沒有二點，必須找出第二點來，不是用一棄一，就是移位使彼落空。

想兩腿非常有力，胯誇張活動，練時要，用時更要。

8/19 —— **喘口氣**，動之前先喘口氣，深深輕輕喘氣，此即呼吸之法。

長桿功—長桿在手中，以意用腰胯力舞動時，假想一端遇阻不前，即生發力。

8/20 —— **連續功**—纏捆人要一波一波連續，否則只有第一波沒有以下的，力就不強。要一陣一陣不可斷，練時就要如此做到，因為對手也一直在變化，不可不因應變化，彼以硬力來，我正好捆彼硬力。全以心中的意氣勁來捆。

8/21 —— **太極無敵功**—不管對手如何推撥，我都不管，只在下活腰胯腿腳，以不丟不頂之太極因應之，練到純熟後，無人可推倒我。練時使用腰胯的力合腿腳活動。

8/22 —— 大喊一聲是在心中喊，不是真喊。彼力壓我，我心中用關節大喊一聲，彼必跌無疑，用仙骨、踵、膝、胯等都可以喊。

　　歸元功—想動立即不動，想用力立即不用力，心想有所為立即不為，即返本歸元，極為重要，為根本基礎。先有意動，隨即在動中求不動。

8/23 —— 用任一招式發，其實只要心中做預備發，即已發了，主要已產生鬆襠落胯，腿腳有力，這在做預備時即已丟脫彼勁產生發勁了，所以心中一想，即可發出。

8/24 —— 腰腳合力活腿，以腰柔腿，以背合腿腰，以背柔腰、胯、腿、小腿、腳、指，可使周身一體。

　　以上之法，用背做即可。氣貼背，配以昂首，下使腰腿，脊氣通周身，周身一家。

8/25 —— 胯一用勁，全身柔軟。只用胯，身柔綿，勁全集中於胯，動胯柔身，以胯柔身。

　　胯功—胯內部上下或內外開合伸縮，全身不參與，全身勁集中於胯，故稱胯功。在運動中練，即在練架時用胯之力帶頭運動，負起運動全責，即成上空下動。

8/26 —— 腿中要有變化，產生種種變化。

8/27 —— 不用力站，用意站，用意不用力。

8/28 —— **雙合勁**—以胯膝合，踝膝合，左右兩腿上縮與上身合，或二關節相合，以使氣充周身。

9/1 —— **金鐘腿**—金鐘（是心中想像的鐘）由我以腰吊住，胯腿在鐘內，走不出來，不斷走，鐘很重，以穩腰腿之勁。

　　喊發功—鬆身喊發，以喊為發，全身不動，腿關節「大喊」一聲，彼即跌出。先須有頂接之力，一關節或數關節喊均可。非真喊，是心中喊。

　　腰腳連—動中以腰與腳相連一氣而動。一腳不斷向下踏實，腳勁要強，與腰上下拉動，以通氣。

　　動即用招—每一動心中都有招，不可只動而心中無招。任何招都可以，並非一定要定招定式。

　　先制後招—先壓制彼，以顯彼之實，或與彼相接，見彼之實，旋急猝改用招，令彼跌。

　　以招接招—彼亂擊、亂推，我每一化都以招迎之，不可只化而無招。彼不斷快打，我不斷變招，全以用襠胯，因彼之勢而變招。雖言是招，實是以用招

之想，調動檔胯。

　　頂壁功─發人假想用腰頂後面牆壁之意，比用前推之品質佳，何止以倍數計。

9/2 ── 猝用招丟脫時，用想自己膝最捷。因一想膝時即已丟脫，彼即不穩，故易跌。想胯、踝一樣可以。總之，已有了虛實變化。

9/4 ── **林中舞桿**─假想用腰胯在林中舞桿，處處碰樹，練內勁。

9/5 ── **骨節神功**─單骨節伸縮，如小腿、大腿，或二節合一縮伸，或脊腿合一等等之縮伸，用時因勢變化、節節可用，何處伸縮即何處呼吸，如此內勁乃生，用以平時練功或發放。

9/7 ── 動，馬上不動，把勁交給頂。打拳、推手用氣勢，不用樣式。引彼之意，使之專注一處為實，得其虛，明其實，用陰陽變易擊之。

9/8 ── 實是意識注意之處，不是形體之力與硬。
　　任何動，氣一定要在腿腳，腳氣要通得快。要使

氣由百會通至湧泉、勞宮，吸入身內骨節中。

勁由腳跟在自身內向上連至腰脊。

柔化功—專練柔化，乃練太極拳之本。

有無相生—彼加意於我為有，我斷丟之成無，再用招式放之。

彼未來力為無，我以勁加之始成有，有無變化無窮。

9/10 —— 主宰於腰，每動必以腰腿伸縮、蠕動，即成主宰於腰，引導各種姿式伸縮、蠕動。

9/11 —— 練打拳招化，動用胯腿，胯腿中氣勁更足。每一姿式都由使用胯腿而成，如果意在想形式，那就偏差無功，必在使用胯腿，毫釐不可稍偏。先在準備使胯腿，然後猝然真用，可以將人發出。此在彼微動己先動時，用之最妙，以化為發。

9/12 —— **一飛沖天**—被人猝拉手時，旋即一切放棄，以心作一飛沖天解之，彼即被拉回，因周身鬆柔已生出腰腿勁。

9/13 —— 鼓盪，在手指中鼓盪呼吸，帶動周身氣鼓

盪，彼即被發出。

用換步功發最靈，心中換步，彼已跌出。

用蠕腰帶頭，動必先蠕腰，帶動胯、膝、肩、肘連動，其功非凡。

動時心態在做動作，還是換步，有極大的不同。

換步與以腰舞長桿都是發腿功。先有動之意向，隨即改用上功，最好用吸呼完成。

9/15 ── 太極拳無外家拳心目中的拳架招式，只有內勁運變；如果心在走形，就完全落空，應以心在運內勁變化中求活潑細緻為是。

　移位─以內移、外移，或換步、蠕腰之勁移轉筋骨。

將彼意引出，隨即丟而發之，即改用打招式之心發之。

先粘之、引之，使彼集中注意力於粘引，隨即猝改打招或一飛沖天（意想），彼必失控跌出。

9/18 ── 一飛沖天真管用！彼使我受壓力，我一飛沖天，可既浮彼，也可脫離，並可以虛貼彼或吸彼。

9/21 ── 用內勁運作拳招，凌厲無比，比外形，是空

比形式。

　　一定要用呼吸（身呼吸）身才真柔，腳才有根，百會、湧泉即感相合一氣。所以要呼吸，百會、勞宮、湧泉即合一。呼吸之力源在踵。呼吸不可停，一停即失根，此即真義歌所言「虎吼猿鳴」乎！但不可忘拉絲柔身。所以不可只用動比外形，只可用呼吸，全憑一口氣來運作。

9/22 ── **協調一致**一動是求內勁協調一致，周身順暢。主宰於腰，就是由腰為主宰協調周身內勁一致活動，用腰腳胯踝一致之力。一推立即不推（勁在踵），彼即出。

　　遇頂、遇力，先用意與之頂，然後用縮（即脫離）發，心縮身未縮。

9/23 ── 切忌用全身混元勁對頂彼力，用一處一點之勁為實，儲虛勁以備使用，到適當時機猝然換勁，使之落空。

　　穩身用拉絲，不穩時立即用拉絲調和身內內勁。

　　纏用呼吸，即可連續纏。

9/24 ── 原勁為實，切不可用，發必脫實，脫實即

發。假進、假迫以引實現，隨即發之，假企圖真發放。

發之用內勁拉絲，抽拉求柔彼必出。腰胯膝腳為下、腰肩肘手為上，下要重，上要空。

先迫住彼，隨即在接處一發光發，乃為即時退縮之發勁，一發光即退縮脫離，產生內勁。

9/27 ── 用內勁柔身，在身內打招式，內勁本身是柔的。

9/28 ── 發，用腳根與臀底、腰勁上下合力壓斷東西一樣使出腿力。

9/29 ── 以不玩了之心，和一飛沖天發，效果好。這都是人壓我時，我隨即鬆勁不玩，或一飛沖天，使人跌出。

以腿縮入腰，上身同時隨著也下縮發，是發出我身上的內勁。

先引彼相頂，隨即不玩、放鴿亦可發。遠接用胯腿，近接用柔身。纏黏中不斷呼吸，勁即連續變化。呼吸是氣遍周身的身呼吸，並非只是丹田呼吸，氣到不了四肢。

9/30 —— 發時原想之動，絕不可動，動即生僵。不要動，任何這種動都在我心中消失才是。此時身雖已不動，氣仍在走，可隱身化風，一飛沖天。

一脹腕中點，周身勁全出即可發，即放大腕中之小點。

膝頭橫掃天下，腳中勁必要隨勢先調整，否則易浮。即一切用膝頭動應付。因此時勁全在小腿，周身空無，人不知我。

10/1 —— 全不用原勁，原勁丟下不用發才妙。用化風、化無。用全身小神經化氣發，更使人莫名所以，以此為正法練。

兩指發人，用鼓盪方法，在指中鼓盪，周身氣自鼓盪。鼓盪先蓄勁，才有物。用蓄發勁，發前先蓄，發時只放而不發，發人於無形。

蓄以提縮腰腿來蓄，鼓盪必先蓄，蓄了勁才有勁氣鼓盪，否則是空鼓空盪。

用兩指發必先提腿蓄，蓄足後在指中鼓盪，全身即相應鼓盪，鼓盪用大呼吸。

動消臂力—動時要注意消了手上、臂上之力為要，甚至頭上、頸上之力，身乃鬆，勁乃下沉。

10/2 ── 彼實頂，我以小實假頂，留大虛，旋即棄實用虛。

10/3 ── 胯腿之勁不可斷，此全是意。

10/4 ── 欲動時先用準備換步，功大不同，化發均一樣，因勁已集於腿，彼或已出。

要動時必先有換步之心，如此則勁全集於腿，化發即一體。

10/5 ── 先浮之，自己為蓄勁，隨即用鼓盪發之。

勁無論如何變動一定要到腳。在腳中順勢調整，腳不可浮。

10/6 ── 胯變應萬變，一柔破千招。彼任何法加在我身上，我只胯一變，身一柔，彼即落空，必定跌出。

可用先換步後出招，步一換，身已柔。故平時任何欲動宜先換步，在心中換勁，形未動。

10/7 ── 用手探人虛實，心在用腰胯不在手，效大得多。令人被發出實際不是用手發，是在自己身上用虛處發勁。推人也是一樣，用虛制人。

10/11 ── 心中以腿腳換勁求身穩，綿綿不可停。發之，如彼未跌，即用鼓盪不玩再發，不玩是指用腿腳撐不動之意識。二指只頂住，頂力不可增，專心求內勁變化虛實，即可把彼制住。

10/13 ── 走架腿腳中勁一定要運轉。氣一定穿過虛處，有虛就穿，不可猶豫。

　　脫離彼制用走虛，用走絲脫實走虛，彼反敗。在己身纏也是走虛，總不可走實。走實既會硬，又會人知。

10/14 ── 脫離就已發，用脫離出招，出招脫離。

10/15 ── 發人用氣噴出去，不要噴到彼身上，噴在自己身內，讓彼不知，如此勁在己身，彼即出。

10/18 ── 自己內氣運轉也要走虛，意要走虛，避開己之實勁。手上氣勁不可斷。拿虛來用，不用實。

10/19 ── 全在虛實應用之妙，掌上行虛實功，以指掌靈變不滯。

　　虛實虛實，變化無窮，不離虛實，靈變虛實，妙

中生妙。

　　心中一定要有虛實互變的觀念，不是只呆呆的動。先引出彼實後，擊彼虛。所謂擊者，乃變實為虛，變虛為實而已，豈是用力推擊！筋骨脫離實出招擊彼，方法太多，不勝枚舉，但不外虛實互變。

10/20 —— 用呼吸，就是鼓盪，就是動，於是己無身動之累。

10/21 —— 接妥後用劍指發光，即可發，不必有前進意。

10/22 —— 意注下盤，則混濁之氣下沉以為地，清輕之氣上升以為天，上空下實。

10/23 —— 打拳一定要用檔胯開合、伸縮、準備換步之心來動。

　　彼在我身，我理都不理，只是發招，發一個不是打到彼身上的招式，彼會跌出。

　　動消己力，動必消力。呼吸消力，換步消力，以動消力，就是求不用力。

　　點息必柔，以一點呼吸身必柔。雖甚簡單，實是大功。

10/24 —— 很會用腿走路。練架用在用腿走路之心。

10/25 —— 用脫離發，無論用點、局部、皮毛、骨節脫離即已發。

10/26 —— 發時以敗勁，消極、失望、不可能之灰心意識，力反大，反而能成功。這由於已將外力化為內勁，是無為之功。

　　制人在找彼之實點，以鉤勾之，以心中意氣之鉤勾彼實。

10/27 —— 假拼鬥，做假的，就有氣勢。怎麼做都做不成仍在做，消極、失敗、不認真，認真不起來，力怎麼用都用不出來仍在用，才是真力，乃勁。此即是用意不用力的情形。也就是以無為生有為，不用力後而有內勁。

10/28 —— 暢勁的確有功，不要求柔，求暢即可。心中一暢對手就跌，因勁已用出來了。

10/30 —— 用手力用不出來，再好不過！如此，腰、腿、勁全出，手臂是鬆柔的。

自己縮提腿勁，彼腿即無力，我隨即一飛沖天，脫離求舒發放。

10/31 —— 拼鬥用氣勢，舒暢氣成浩然之氣（用氣勢但舒暢）。勢是雷霆萬鈞之勢，但欲振乏力，心有餘而力不足，才能產生浩然氣勢。不用力，而後能有內勁。

　　用劍指非頂彼，是吸彼，輕輕吸彼，以勢制彼。

11/1 —— 不但化人之力，主要要化己身之力，以呼吸化僵為柔，化有為無，化實為虛。

11/2 —— 彼愈重，我愈輕，雖用手但不用力。

11/3 —— 調整三寶（腰胯腿）動，很實用！

11/4 —— 心態上，用斯文即要寓剛猛，用剛猛即要寓斯文，陰中有陽，陽中有陰。

　　劍指用準備吸更好，做假吸。相頂時，要想發彼，不用原勢，改用他勢，形成虛實變化。

　　脫彼之力用調整三寶（腰胯腿），此為最基本之法；或用發光、或吸發彼，不可亂動。或先以纏法使

接處移位，不用發光、或吸，用沾起來發也可。

11/5 —— 欲以用手、劍指制人，主要在用身之虛實控制彼之虛實。

11/6 —— 力集兩胯，以求身柔跟穩，為基本立身功法，這樣身段極靈活。勁完全集中在兩胯，與腰脊腿腳相望，與尾閭相合，把肩背之力全吸入胯中，腳腿之勁自然大增。能吸、能發、能化，周身自會鬆柔。

　　一遇壓力，立即開檔胯，脫離不玩，與發放一氣呵成發之。

　　推手必先以意引彼集意於一點，隨即避實發之。脫離、不玩，隱身作假，喘氣求暢，乏力，心中大喊。總之，要乏力，連呼吸喘氣也乏力，以求隱身，化為浩然之氣。一有動作，意力立即化為浩然之氣，與天地、五湖四海、河川山岳、日月星辰之氣一起鼓盪。

11/7 —— 用纏勁使彼落空，即可發。

11/8 —— 上身只用一側才不會為人制。引彼之注意力於我一處，明彼之虛實，才能四兩撥千斤。

用不玩使彼落空，彼跟即失，我可擊之。

11/9 ── 檔、胯、腰菱形勁很厲害！

11/10 ── 先用頂（彼此相推），隨即猝然退縮（勁縮身不縮），求己身之圓順不頂，彼必出，或一頂即放，妙！

11/11 ── 先發光後隨即用吸，欲硬即柔，欲快即慢，先假後真，一動即靜。硬生舒，快生慢，不玩生準備玩。總之，一有即無，一正即反。

彼頂我，我即用肘，或用臂上皮毛發之。

動，即以呼吸代之。一發即吸，一吸即停，一喊即止。均為求靜中之力，定中之功，即內勁。

11/12 ── 動前先以轉變內勁求柔（使動時身柔），用以發放極有效易行。一求柔，彼已跌出。

先牽動彼使有虛實，旋即以意鑽彼虛隙處，無處不入，四兩撥千斤。

發放求內勁之柔順，不是發向彼身，發人凌厲！

非常妙！發勁只要求本身內勁之柔順就好，一做求柔順，彼已出。原因在於己身內勁已動，而且周身

柔綿，是最簡易有效的發。

先求己身柔順以後再發。其實一做求柔順，彼已似箭之離弦。

太極拳之動豈有他？動之前先求己身之柔順，即生己身之太極而已。

先有動意，隨即求柔順，柔順要求暢。

心態上，用斯文即要寓剛猛，用剛猛即要寓斯文。

11/14 —— 用不擊擊人。欲真擊人用此，欲擊即止，內勁已出。

11/19 —— 以心探彼身內之虛，太妙了！彼跌得兇！探彼腳中之虛，彼即跳！主要由於彼身僵而浮。

11/21 —— 無論指點，或手按，用輕輕探之心，勁反大！

11/22 —— 用原勁有發意，總是不對的。用脫離、放棄，即不用原勁。原勁相頂，決不用，改用他處發，即生棄實就虛，即所謂的原路不發。最好是能找出彼虛，摸彼虛。

11/25 —— 勁歛入腰脊、骨內，否則為人所知而可發。

勁由腳發，彼跟即浮。

實勁集於一處，以備有虛處可用。

彼柔化走避，必以意引出彼實，分出彼之虛實，才可進擊之。

與人頂以求彼實，從彼實之側進最快捷，若離頂點遠，彼即有緩衝之地。

11/27 —— 不是化，用化太弱，要處理彼之來力。用胯腿處理，不用手。

11/29 —— 不是在原點（即原接點）發，一定是移位發，例如用抱回之心發。

不可只有化，是以虛接發，用己虛接彼力來發。

要用己虛，不可用自己實，凡動都是如此，避開原勁（實勁）。

12/1 —— **滑**—頂到時，從彼頂處滑過發之，即避實擊虛。

12/3 —— 原路不發，逢頂必發。

12/5 —— 若遇柔，即用海濤拍岸，或洪水奔馳勢拋彼吞彼。

12/7 —— 凡動必氣繞足而行，一吸一呼亦必氣繞足行，跟勁始穩。不繞足行，功不得進。足氣足，周身氣強，氣自貫於指。

12/11 —— 用手指輕輕摸彼，只要接觸到彼身，即可知彼虛實，無須用大力。

12/12 —— 與人試，用己身輕靈柔順壓制對方後，用五心（五心即百會、勞宮、湧泉之中心）旋轉，或湧泉轉動催彼之跟，用腳跟旋轉提地下之物，彼均感到巨大壓力。

　　向前發人用縮入己腿發，力大增，後攦用提縮己腿，彼不可防。用意旋彼腿腳之勁，彼兩腿無力而倒。用時都要脫離彼勁，蠅蟲不落，使彼完全落空。

12/13 —— 敗中取勝，彼擊來，我以順勢在敗中取機勢，一氣呵成將之擊出，為順人之勢，借人之力之法。其法用氣轉圓球為最便利，彼一來，我即旋氣成圓，以伸腰取圓亦便捷，用氣成圓的滾筒也很好，類纏絲。

勤練身內旋氣成球，以腳為根，轉動氣球。

心中用敗勢化盡彼勁，即有發之機勢。

12/14 —— 上下一起柔才能柔得透，柔上即柔下，柔下即柔上。以上柔下，以下柔上，使周身成全柔體。

12/15 ——

1、只自己旋湧泉搌，別用先天之能搌，只旋足底即可搌。

2、旋足底浮彼足。

3、接住後以臀底旋搌，任何勢都可用，唯一要注意的就是自身不動，只用氣勁。

4、用己腿關節旋彼腿關節實處，很有效。用何關節，因勢而異。

12/16 —— 順彼勢倒，才易找出擊發點。一倒，擊發點即顯，原因在於勁因倒而全下沉於腳，而彼已落空，彼擊點一出來，隨即以咬一口之心發。倒時必配以旋足心，順彼勢倒，彼或已先跌，至少已浮跟。

12/17 ——

1、**脫離**就是最好的發勁，心脫身不脫。

2、心裡一面向前發，一面向後脫離，形未動。

3、腰椎、胯、膝，有一節縮入踝，即可發。

4、原點、原勁不可發，必避開。脫而不離，原勁就生發勁（以伸腰做）。用吸入彼勁發，用臀底拉己之踵，或用踵拉己之臀底之勁吸，亦可發。原則上對彼勁要脫而不離（心脫身不脫），這樣就在自己身內發勁，不令彼知，勁須起於足。

12/20 ── 要讓腳上、腿中、小腿失力，既非用形體，就要失力，失力乃有大力。此即愈不用力，力愈大之意。不用力而有勁。

12/21 ── 指尖旋珠較旋五心為佳，不為人知，人無從應對。

12/22 ──

1、發勁用退縮（心退身不退）、脫離（心脫身不脫），或用吸彼勁發。

2、掌心一點開合，久練勁非凡。

3、先有意動，隨即求柔順，無論發、接、化，乃至呼吸均如此，即一柔破千招。柔順很好，

不但已柔而且有發。相頂時，一頂即生柔順，
其中有鬆沉。

12/24 —— 意想用掌根吐氣推倒牆，或用指尖插入
牆，力集於掌跟及指尖，他處毫無力。要用纏（旋）
用先使一下力，起個頭，哪兒旋，哪兒先使力，先鼓
個勁。

12/25 ——

1、先動（纏），隨即動中求柔順。
2、動必消力，脫離動，脫離身，脫離力，脫離
　　有，全身透空。這全是心中的意。

　　彼愈重，我愈輕，彼愈有力，我愈無力，才有太
極拳，化力為勁。

　　倒必用虛，丟了原勁（實勁）就不倒。動即用
虛，不但不倒，彼也推不到。

　　發勁用脫離放棄，心脫身不脫，心一脫即生柔，
即是不用原勁發，亦即原路不發。

12/27 —— 發就是脫離不玩（在接住中），再加上出
招（隨便打一個招式）為更烈，此由於胯腿勁即充足
之故。

12/28 —— 剛柔陰陽很實用，即先以柔，隨即變剛，或先用剛勁，隨即用柔，變化無窮。

一動無有不動，即動一關節，周身勁自隨動，而成抽絲勁。用心意使某一關節動，即影響全身勁。

12/29 —— 妙發，當失去站立機勢時，只要一調整檔胯求蓄勁，成為可推動彼之勢，彼即跌出。只作勢即為發。只可作勢不可發，任何情形下都是這樣。舊發勢改新發勢，彼即跌。改勢必求尾閭中正，此必在彼壓我之時才有效，此中已有脫離、放棄。

發時原勁必丟，連續有連續丟，只管丟。即棄僵求柔，棄實求虛。

12/30 —— 彼頂來，我丟原勁不用，改用虛勁，彼即推不著，若用原勁旋動，還不能全部化清。亦可用關節來變換，先用一關節，隨即改關節，彼即落空，不斷改變，彼永遠推不到（用時丟原勁才空）。

2003/1/1 —— 心發身不發（內勁才足），意跳身不跳（勁由內發），類用皮毛吸回。心離身不離，即為發，原勁已無，新勁已生。

周身縮進一關節，每一動，都在縮入某一關節（用

一關節呼吸）。

1/3 —— 臀底一用力即發出。一處用力，周身勁生，就成周身一家之彈簧力，係彈簧彈出去，故「發人於不知不覺之間」，不知已發，人我都不知，因不是用先天本能之法，故不知。一用力心中全身**煙消雲散**，此發力甚大，而人不知。可常練。

用**驚鳥紛飛**，比煙消雲散簡單，無須臀底發力，腳上已生力。

1/5 —— 妙！愈想用力愈不用力，力才愈大，才是內勁，此即「為而不為」之功，想快又想慢，想動又想不動，想用力又想不用力，此即太極，有陰有陽才成太極，不可只做單向之想。

1/7 —— 引（四兩撥千斤），主動引彼四兩之力，再棄而以另勁擊之。不必一定要等彼先攻，己可採主動引動四兩撥千斤。先假攻隨即棄而真發，要待會發勁之後才可。例：先推隨即不推，先退後進，先有後無，先呼後吸，先剛後柔，先吸後呼，先用力隨即無力等等之陰陽相生。用總總之法，先引而後發，正中求反。

一有動立即消散，驚飛。一動即煙消雲散，原勁
必丟，即脫離放棄，類怕踩破雞蛋似的，動隨即不
動，剛柔互變練功。

臀底磨壓地練活胯，此全是意。尾閭須中正，不
可移動。

凡動氣都要到手上，與身內氣互作呼應。

1/8 —— 接觸處放光（心中的意想），即產生剛柔互
變，原勁即可丟，啟動內勁。

1/12 —— 以靜制動，即已不管不玩到底，令彼無著落。

來力一動，心中立即退縮到底，以求全空、無
意、無感，空而不空，空中有物，純正之彈力即出。

1/15 —— 為即不為，為太極運動的唯一基本法門。不
但動即要不動，連呼吸都不呼吸，勁乃大。用而不用
關節中的一點呼吸，勁更大。呼即呼，吸即吸，是不
可以的。不呼不吸，而有自呼自吸。

也可以用而不用骨吸呼，內勁即充沛。

一切動全為呼吸所取代，但一吸而不吸，一呼而
不呼，絕對無肌體之動。彼碰到何處，我即用何處之
皮毛呼吸，吸而不吸，呼而不呼，此即全是內呼吸。

絕對不用肌體之動，只有呼吸。再進而言之，即只有意動而無呼吸，有呼吸之意，無呼吸之實，而呼吸自動。

練內勁，有外動就要靜，以外動啟動內動，內動就是動內勁。身動就心不動，心動就要身不動，全是內勁動，完全放棄了原有動的方式。

1/16 —— 內動外不動，外動內不動，亦即心動身不動，身動心不動。

一切以調整身來應變，也是放棄了原有動的方式，也是內勁。能如此，即可一動無有不動，周身一家。動前必先調整好再動，以調整來動，所謂調整是調整自己身體內部筋骨，乃至氣勁，是作身體的整體變化。

1/19 —— 先用骨攻，繼加以氣斂入骨，彼推我像推到鐵板。

1/24 ——

1、心中努力用腿力（是求柔而不是用硬力），力集於腿，用後側之腰來用力，名符其實是發於腿，主宰於腰。

用腿力鬥，實主宰於腰，腰腿連一動，踵在旋。

2、先頂，找頂，製造頂，然後一不用力，掤勁即生，彼已跌出。

3、一定要先有有為之意，然後才有不為，先一有動意，旋即煙消雲散，全是內在氣勁。

太極拳鬥腿不鬥招，鬥腿在鬥踝，踝旋勁生。

氣運轉要延伸到身外，才能透澈，即與外氣交流。

1/27 —— 腿上使力身自柔，跟自穩。

動作有效與否，全看上下分得清不清，不可下動而動到上面，上面要空得清清的。

1/28 —— 二人推我，以上空下動化，空上動下，動下空上，繫重心於下盤一關節為根，隨機應變，活潑運用，要上空下實，以腿用意力即可做到，腿愈以意用力，上愈空。

以臍呼吸連到踵，情形就不一樣，呼吸在臍，著力在踵。

2/1 —— 不一定是鼓腿勁，全身各處隨時可鼓勁，以意鼓，都可柔身。努力鼓一處勁，身即柔，不必用

化。只用一處玩，他處不玩，他處就柔。

2/8 —— 空，全身騰空力奇妙，彼在我身，我身內一空（用心中想）彼即出。

　　與人推手，不管彼如何，我都順。只在找發勢，一有接上，一想煙消雲散，彼即出，即是騰空我身發。

2/12 —— 跌、倒、化都力集於踝與踵，全身透空，都是讓開彼力，引入足踝，只足用力，愈大人愈穩，跟愈固。

　　呼吸全在腿中，腿不但要柔，更要用呼吸來變化，內在氣勁的變化。

　　要學倒，不學撐住不倒，才不倒。跟在踵與踝，彼力來，我順勢倒，不可心中不倒，心中一倒身全空，此為一大突破。

2/13 —— 練內勁：伸而不長，縮而不短，張而不大，收而不小，旋而不轉，產生內變。

2/14 —— 發勁以兩腿一軟，或吸彼回，或煙消雲散。亦可用以腰氣下貫入腿。

用怪姿把勁力下貫入腿及腳。

呼吸之動靜全在腿中、腳中。

2/17 —— 學倒，未倒腿先倒，未戰腿先軟，反能培養腿勁。腿會酸，感到酸才是真正練到了，不酸是假的。

龜吸：頭頂千斤石（呼）

腹納萬兩金（吸）

鶴吸：抬頭望明月（吸）

低頭吐口氣（呼）

2/20 —— 反背功，先順人勢作己之背勢，然後反背為順倒之，功全在扭轉胯腿。

2/22 —— 發原來是放空，把什麼都放了，先接頂（吸），後放空（呼）。

練纏，骨上稍用力，處處旋不停；周身螺紋轉，全是心神意；旋氣貫指頭，周身氣才通。纏乃骨之呼吸。

數人制我不讓我動，我以伸懶腰方式，求節節貫串，抽動周身筋骨，彼無不順勢跌出。只練伸懶腰抽筋骨足矣，再加上旋，勁更強大。

任誰只要碰我就跌出，此要多練內勁。無論靜止與在活動中，一概可成才好。全是以伸懶腰腰帶動筋骨，一心自己做伸腰，由是周身勁出。

專練旋，使胯、膝、大腿與小腿互絞。這都要常練才能產生功勁。

2/25 —— **反背功**—在敗姿中，以調整腰胯作發勢，以求反背為順。引敵時先作敗勢，有了敗勢即有虛實，即得發勢。在敗勢中，以反背功，彼均應勢而跌，雖稱敗勢，實乃引勢，有敗勢才有發勢，非常好用，一想即可。

雖稱敗勢，實際是作發勢，一作敗勢，即有發勢。發時一發立即煙消雲散，脫離不玩。

發＋煙消雲散＝空。

2/28 —— 心鬥身不鬥，心鬥可精神提得起；身不鬥可周身空鬆，心帶領氣動猶如怒浪滔天。

3/2 —— 找己身僵勁纏亦可。

用意旋踝，彼跟浮。大力壓我用此。

3/4 —— 接敵不用身接，不用手接，不自己接，用皮

毛接。發用骨髓發。

3/5 —— 發於腿，是動作由腿所發，不是自由動作。

　　凡動都在下面檔胯，不可到上身，這樣才能上身極柔軟，下盤穩實，不為人侵，發人不知。

3/8 —— 走架在練心神意。

3/11 —— 不可亂動（自動），要調整檔胯求舒暢，或者中正穩實中作敗倒勢，發彼出。

　　要動必會產生不舒暢，一有即以胯調整為舒暢。無論站得舒穩與否，作順勢敗必可反背為順，令彼出。敗倒時，必以胯調整，以求反背為順。

　　凡動心中亦可用皮毛化發，都力不著身上。

3/14 —— 在正勢時用作敗勢來發，在敗勢時用作正勢來發，均以調整檔胯求之。

　　以敗勢接招即可發，因全身已鬆。站只是力集於站處（腳），全身無力，不是用力站。

　　心想要發，即改用胯發，以意動一下胯即可。

　　有變無，無變有，即為發。例先頂後放，先玩（有），後不玩（無）。

發，是把身內勁發出來；放，是把身內鼓作之勁放鬆不玩。增強內勁即是發，非加力於人。放空內勁即是放。

　　粘人用皮毛勁，不粘時把彼吹走，用湧泉氣以意主導吹之，什麼都被吹走。

3/16 ── 求舒，無論攻守，有僵而不舒則力求舒，以各種不同勢求舒，配以足舒則更柔。

　　求隱，不是隱到皮毛，就是隱到骨上，或是煙消雲散，不可隱到肌肉。

3/25 ── 勁鼓足後放了勁成空，勁反強，即鼓足後實變虛發。全用意即可，無須身動。發勁原來是放空己勁，所以是放。

　　用骨上稍使力旋之意，人不知。

　　發，把身上勁有變無，或無變有就有發。

　　以骨膜之力運勁，才有氣之根勁，不是只運勁。

　　要使力就使骨之力，即柔而不為人知，即是勁。故言勁由骨生。

3/27 ── 旋猶如發勁，也要拿住相接到才有效，重要在綿而不斷。

3/29 —— 發勁是將全身勁下沉於腿腳，接觸點愈輕，勁愈大。

　　不要求外形動，要以腰使胯腿來動，或心中使用身內內勁來動。初學使胯，功深使內勁。

3/30 —— 要知怎麼旋纏的方向，整體纏才有效，不是局部轉。例如接上時，心中找出纏或發彼之方向。

3/31 —— 亂轉沒有用，要知道轉的方向，如何纏才有用。例以臂相接後，就要知如何轉的方向，此是懂勁。

4/2 —— 以臀使力發，很巧而易行，臀一使力，氣即下貫於腿，可以此練用腿氣發勁。

4/3 —— 沉肩等鬆開各關節，內勁則增長。久練功非小可，因為真正練到了太極拳上。

4/9 —— 一動氣全動，尤其當小腿氣一起動時，必是連消帶打。皮毛旋為化，臀胯旋是發。以敗為用，切不可撐。

4/11 —— 開檔分胯之力是勁的原動力。不得機不得勢，必以開檔扭胯解之。

4/12 —— 用肘佔勢，用肘化脫，一想肘用力就化脫。心中把臂丟掉很實用，身上勁大增。無論前發後擺都很實用。

4/13 —— 丟掉臂發，勁很大，周身勁出。以肘佔勢必得，用肘即已用身。

不但要運周身氣，更要同時以小腿皮毛之氣使人跟浮，必須如此，更要以小腿氣動為主體。

以頭頂氣帶動小腿氣，要周身上下一體鬆柔後才可以。

4/14 —— 站樁氣勁大，隨時都在站，走架、推手、發放都以站穩為根，動中有站。

內勁蓄足後，在身內發勁，才大，才妙。已有發放機勢，在身內發勁。心中想著身內勁螺紋旋纏功很大。要知旋的路線機勢，不是亂旋，要周身一致。

拳架式是求內練，不是求外形，求外形是空練，故無作用。

4/15 —— 小腿氣與周身氣分二部分，有周身氣必須有小腿氣，相對互動，周身氣才順。

要旋，周身一起旋，效才大。周身如螺紋，求周身和順圓融。

4/19 —— 劍指吸入己身，則身內勁整合。或把皮毛某點吸入，勁亦整。用身吸。

動必用扭胯開檔，或用臀吸地氣吞吐，或用檔胯腰動，根在腳，氣必繞過腳不可停，綿綿不斷。心中求意在芳草，周身輕如青煙，不斷騰空己身。一切動心中都在求騰空身內之有，即使是呼吸。

推手一發現有頂撐時，立即放開己身勁，順勢發放。

彼越用力，我越不用力是上上口訣。想各關節擴大，勁氣即來。

彼越推來，我越不管，只將氣不斷向腳上貫，不可停，以靜制動，讓彼力無著落。

用胯腿動是對的，如此力全在腿，不在手臂，周身空鬆。

4/20 —— 發心中用皮毛向前，身向後脫離，比用身向前有效得多。發以心中將兩腳用力向地上踩東西之

勁，亦是佳法。

4/21 —— 腿進腰不進，發勁很厲害。纏即不纏內力大。

4/24 —— 提高敗勁能力，很凌厲。

4/26 —— 推手時心中隨時有準備動腿、用腿之勢，使腿勁使足。

無自動，要動要使用胯腿勁，用以代動，身自會動，因有形在心。

隨時隨地，一切動靜都以腿使力來動，或以腿喘氣呼吸來解決。

4/27 —— 勁在身內走勁大不會生僵，一到身外就僵。不出皮毛，在身內運行，勁不出身。

4/28 —— 先調整胯，身未動胯先調整，勢勢如此。

4/29 —— 身動心中將腰定住不動，有奇效。（因內勁已使出）

5/2 —— 彼硬力加來，我感受威脅，我片紙不讓與之

相頂，外剛內柔，頂住不放，以頂點不動為支點，以吸或小腿用勁發之，或以浪鼓之。

5/3 ── 周身和順柔綿，圓融無滯，下盤穩固，腰腳盤根。

5/4 ── 彼頂我，我用氣在身內轉，彼即落空，我隨即以氣在腿中轉，彼即跌出很遠。

用呼吸代替肌體動。吸，隨即不吸；呼，隨即不呼；發，隨即不發。皆是化外動為內動。

5/5 ── 對敵，腿中使足力還是上策。氣不可在上身鼓動，在上身只可貼背、斂入脊骨應用。呼吸在腿、在脊，平時也要一樣，不停做。

5/6 ── **敗勁**—只要做好敗勢即有發勢，關鍵在全身力均已落入小腿，以腰為軸定住，他處敗，敗即鬆。

5/9 ── 發用全身勁落到腳底，發得遠。發即不發，也是勁能下沉腳底，所以能遠。向下噴灑也是一樣。

發用發即不發後之輕柔勁，如此較簡單易行。

氣之運，可以胯或腰椎為軸心圓轉。

5/10 —— 心想用大力，氣勁即充足全身。

5/16 —— 以敗為化後，立即用胯或膝鼓勁發。敗要敗得真，乃能柔得透。發要發得快。

5/18 —— 脹腿縮檔後再動，氣即充實於胯腿，應任何外變都如此。

　　發人先有發之想，隨即忘去，心想煙消雲散等，勁即柔和且大。也可用脹腿縮檔發，以腿應大敵。

5/19 —— 發柔軟者，用周身極輕極柔之整體勁始有效，彼不知，反應不及。

5/20 —— 發勁之妙在不發，在身內發自己，成為彈性力，人不知。在自己身內發，不發向外，發向身內，以鼓盪內勁。發出自身之彈性力。

5/22 —— 拼來力，以腰脊尾閭為軸，定住不讓，則周身鬆柔，在他處求變化發放。

　　發以全身求空為最佳。先有發意，隨即求空。不是直接求空，以發即不發求空。

5/25 ── 人以拳擊我肩，我以不即不離，迎接彼捶，彼即落空跳出甚遠，擊我他處也是一樣。彼如站穩椿擊我，我用身閃開彼捶後輕扶彼，彼即出，以閃彼捶為要法。

發勁千萬不要用發之想，只要想「一心碧水沉」等即可。如稍有想發之心或用發法，功效大減，就不奇妙。

不是亂動，是求輕。有了動的思想，就少了輕的功。專心純粹求輕應敵才是對，動中要求輕。

5/27 ── 陰陽相濟，動又不動，有又無，一定要如此才有陰陽。心拼又不拼，心拼身不拼。

凡用意即已是在練功了，要正視意的作用。

不倒，是立即調整小腿之勁。倒，都是因為小腿勁調整不及。

5/28 ── 發勁用脫離，脫離用一心沉最佳，要補足勁氣時也用此想。發不是前粘，用背把彼吸回來。

千萬不要自救，感到將敗，心中即敗下去，反可勝。要倒，即由其倒，反不倒。不要自救，自救必僵，要無為。都是因為自己在管著，所以鬆不開，自己不要管即鬆。

動隨即不動，一有動念隨即不動，一直繼續在做動中求不動，就產生了內呼吸。

5/30 —— 完整一氣調整腰胯腿腳之內勁，以應對來力，以求穩身（順勢敗下去，彼即落空，己即不倒）。

整個過程中，胯的開合扭旋應對總是對的，用胯的開合扭旋應對。

6/2 —— 心想碧水脊背流，全身氣勁充足。

6/4 —— 要拼柔不要化，進以跳之心，退以準備跳之心。動用皮毛，才能柔中有剛。

準備拼柔，準備跳，準備到最好。上身敗，接處敗，腳腿不敗拼柔。心中順勢敗，敗即不玩，敗倒才不倒。消彼之攻擊力，要用敗，順勢敗，彼自落空，敗中藏勝，綿裡裹針。

不玩、輕、空、浮、沉、放、崩、脫離。

準備跳、準備拼柔、準備跑、準備動，準備就對了，就站得穩，柔得透。準備是使勁，動了就成使力，即生硬。

6/7 —— 發時，一想胯即可，即生發，人不知，很實用，很厲害。

6/9 —— 用胯是要胯不用力，隱起來，用中不用，此即隱身化風，或以胯吸氣亦可。

　　與彼相頂，把彼力頂住，然後心中一放開，彼即跌。

6/12 —— 頂力不著於骨，從骨外側滑過是佳法、妙法，功勁大增，己力要著於骨。

　　要倒時腳與小腿要柔軟，不可硬。怕倒就僵，是不對的，反會倒。腳要軟，倒就倒，反而不倒。小腿向下柔倒，以前說身倒小腿不倒，現在要小腿倒就倒，反而不倒。軟了就不會倒，小腿隨時都在倒。二者都可以，都是勁在小腿。

6/13 —— 發並不是一般的發，而是將自己想成一整體，使整體發出最大的勁。全身是一個整體，發出整體的勁，在身內發勁，不是向外發，是向內打，反衝而出的（也是打中努力不打）。收住內勁再鼓出就是發，放掉就是放，在身內，不可發出去。

6/14 ── 動時想勁滑骨而過，勁大，全身勁更整，沉到腳底。如不用此想，勁就亂。

　　好像賴在地上如塊泥，全身以癱在地上之心，如此培養柔勁。

6/19 ── 先鼓出周身勁來（張弓），然後放鬆（放箭），拳僅如此而已，即呼吸。由有求無應一切，盡力柔，柔中儘管頂，一不頂就生發。妙！有無相生。

6/21 ── 發勁不是發向外，是使自己身內勁增強，不必想打到外面去。身內勁大了，發出來的勁自大，是向身內打，不是向外面打。

6/24 ── 打人用儘量不打出去，為中不為，打的力反大，乃是勁。

　　要倒時，胯腿勁調整好就不倒，調整不好就倒。要不倒不是用抗，而是靠調整胯腿勁。

　　發是充實自己身中內勁，不可將勁發到外面去。還要拼命柔。

　　發隨即不發為最佳，即為即不為，即成呼吸。不為中求為即吸，為中不為即呼，吸用不吸，呼用不呼，為中不為。

6/28 —— 心發意不發功勁更強，先有後無，動必求靜，動即不動。

7/1 —— **轉法輪**—氣在身內轉不停。

　　動中求靜，動中一定要求靜，有靜就有根勁。動隨即靜，有隨即無，發隨即不發。

　　魚脫功—發勁用魚脫，出人不意。心脫身不脫。

　　變換虛實，先拼頂引出彼力，然後才有虛實變換。頂力愈大，虛實愈明。先引彼力出來，才可利用。即先把己身勁（局部）鼓起來（有），然後放掉（無）。用先有後無發。

7/2 —— 丟開我勁膝掃塵，或以踵磨地發（對有柔功者不易發）。

7/4 —— **碎石功**—以意用臀壓碎石頭練腿勁。發時亦可用。

7/5 —— 用手指或肩或其他關節發放極佳，類有變無、煙消雲散。要先用脹指把身上氣引出來，才好用。

　　用先有後無，無論輕重來力都發得很好，雙方一

接手就會「有」，有了有就可變無，此全在意，即是
虛實變化。

7/8 ── **母子功**─腰為母，腳為子，動中以腰照顧腳，
子跟著母，母子相連。動必先伸個懶腰。

　　欲鼓動全身勁，先用一下手鼓，隨即鬆開為最快。

　　只要有變無，即打出去。

7/9 ── 欲先使力，但力使不出來，有隨即無，動隨
即靜，快隨即慢，為即不為，全在心中。

　　只要有變無，即發出去，兩相頂必生有，既知有，
即變無就打出，無論輕重都一樣，只要相接好。

　　頂力來時，自己像融冰一樣地消失自己（僵力），
彼即跌出。消失自己，自己反不消失。

7/11 ── 呼不要呼，吸不要吸，如此內勁強。不呼不
吸著力點在踵、手指、皮毛。

　　呼做不呼，吸做不吸，腹部氣強。掏空身內一點
之中心發，勁大。

7/15 ── 不呼不吸，一呼即不呼，一吸即不吸，一
快即慢，一重即輕，一動即靜，一有即無，一為即不

為，一大即小，都要柔、輕、空。一進即不進，一退即不退，左右上下也一樣，力都要歸到腳跟，小腿要無力。都是化外力為內勁。

7/17 —— 對來敵，先用腿之皮毛解決來力，不用上身，上身即不受威脅。

　　紫微功—以頭頂骨吸紫微之靈氣，腰腿勁自生，勁甚大。

7/19 —— 發柔勁，用林中舞桿有效，彼甚柔，勁又強，用此。桿在林中受阻，產生阻力而不用力，即是勁。

7/20 —— 動之前，腰腿一定要隨著先調整，不可慢，要在先。

7/21 —— 用調整整體內勁控制彼，不是只局部勁。
　　用拉不動，推不動，轉不動之想，如此全身勁出。
　　1、不呼不吸。
　　2、用手指呼氣吸氣。

7/22 —— 凡欲不敗者，一有動靜即先調整腿勁，不可

稍遲誤，上面接點稍有一動，腿即要配合大動。

　　化用打拳招，即化發合一。彼犯我，我用打一個招式，彼即出。

7/27 ── 發勁丟掉全身，全身勁出，一丟就是發。

7/31 ── 虛膚穩身，放鬆我周身皮膚穩身，以腿兩側為主，他處為輔。

8/1 ── 兩腿保持蓄勁，即有發勢，不可斷。化時用腿之兩側走化。

8/2 ── 出掌以意想旋轉身內一點勁強，掌不出自出，並將掌旋轉縮入點中更強。用時用不轉不縮反強。

8/5 ── 動時以尾閭尖被卡不能動之想，以產生內勁。

　　發勁不是用力而是丟力，丟了力才有勁。

8/7 ── 順勢敗倒，不敗不倒即生僵無疑，敗倒才能柔。敗倒勢即怪勢，存有發機。只有存敗倒之心化，

無求不倒穩身之心，則另有作用可用，內勁生矣，故要倒中有穩，穩中有倒。妙在向一處敗倒，即見陰陽，此為引勁，引出虛實。一做敗倒，虛實即生，勁即落於檔胯，腳中有根，不必保中定，敗倒自有中定。

8/8 —— 卡住、絆住、拉住之心，發勁必用，內勁方生。

8/9 —— 挨何處，就用何處皮毛放鬆，彼即滑掉跌出。

8/10 —— 用脊背吸彼背後之氣發放。

8/12 —— 不是周身很輕，而是踵很輕，周身勁大，才是真勁，用踵呼吸，真人之息以踵。

8/17 —— 推手要注意內部關節，以各節之活潑、應對、變化，變化中求節節輕靈貫串，皮毛發勁。以意用手或指探查彼身內有何物。

8/18 —— 對彼來攻，一定先接好彼勁，然後避實擊

虛，隨機出擊。自己著力於胯腿，才能周身輕靈。順勢接好彼勁最為重要，順勢接好才能擊發。

接彼勁用身不是用手，周身處處都可接就是不可用手接。雖用手接，心中仍是用身接，完全不可在手。

8/19 —— 不是動，喘氣而已。兩胯、腿膝自行互扯。

要柔身必是身不動，用胯腿動。

斷面勁—橫斷面，縱斷面，心中想著斷面薄片，很凌厲。

順遂勁—很重要，勁成絲狀在身內走動，順遂彼的路線。彼力壓我，我絲勁順遂彼力之路走，柔軟靈活無比，此即「**捨己從人**」。

8/21 —— 只動腿，活腿，發人甚遠。

8/23 —— 用手輕輕探彼身內之硬，見硬即予溶化，不與相頂。手輕以後，勁在全身，反是周身勁。用劍指也是一樣。用輕才是周身勁，進退顧盼，以輕為用。

8/24 —— 用以肘推物之心發人，甚妙！無論掤、擠、按等都可用，擺用肘受阻之意，腰胯勁出。

8/25 —— 走架運用腰腿，用臀磨地為入門之法，專心做好臀磨地，腰腿自會動。

8/26 —— 迎來力，以下沉勿後退，以收放、開合、呼吸、蓄發替代動。

8/27 —— 發勁，也是向內縮勁，縮向腰椎，上丟肩臂，下丟兩腿，原形定住不要動為是。

9/13 —— **蜘蛛勁—腰為蛛身**，四肢乃至周身為蛛腳，伸縮蛛腳，其功非凡，這也就是太極拳了，故有「**一伸一縮即是拳經**」之言。

9/24 —— 用手指先呼吸，周身自呼吸。

10/2 —— 以走兩腿皮毛氣穩身最穩，以腿之皮毛呼吸。

10/6 —— 單指發人，手指只是搭到彼身，扶到彼身，不是用指發之心，不是發的主體。發乃是用身內勁，臀部一扭使出內勁，彼即出。

　　有受到威脅時，只要不管，心中以脫離放棄，扶

彼跌倒，彼即跌出。

10/7 —— 受到威脅時，彼已送上門，被我接到，發之
即可。

10/8 —— 用手愈輕，足勁愈大。

　　動胯外側皮毛，勁全在腿，周身無僵力。

　　心中想著一直要使用腿，腿中要脹氣，才有勁。

10/14 —— 單指發人，先用指頂彼，引其意，隨即不
管（但仍頂到不斷勁），己身以意向下趴向彼腿腳，
彼即出（用趴下之意時擋腿勁已出）。

10/30 —— 領氣脫離我身，將身化為氣。

　　心中將力集中在肘，周身勁即整。

11/2 —— 無論被動或自動，均是內動。輕微提肘，氣
即貫於腿，佳。

　　縮肘功—以身把肘縮入身內，全身勁。

11/3 —— 氣常到不了腳上，應變時先旋踝呼吸。

11/6 —— 進退顧盼用兩胯扭旋引領周身，才能一動周身全動。

11/10 —— 走架是練氣，練氣貫於指掌，流行周身，並非走架子。

練功勁，氣收發於指，要向指尖貫，充於足，使足不空。

豈能只管身內氣，要帶動身四周之氣互動。

彼一著我皮毛，我內氣早已轉動，變化非凡。

11/12 —— 動作之中，不是在動姿式，而在充氣於指尖，或由指尖吸入外氣，在身內鼓盪。

以踵為根，連貫上下氣，用前涵胸或後拔背配合踵呼吸。以胸或背之氣與腿氣合一鼓盪，呼吸之著力處一定在腿在踵，上面以涵拔配合。

11/14 —— 脫離用呼吸。氣由兩腿皮毛向上運。腰與腳相拔。用腳與兩腿皮毛呼吸。配以昂首涵胸或拔背呼吸。應敵來攻，用使之落空。

進攻時之心，要玩中有不玩。退守時之心，要不玩中有玩。為而不為，不為亦為。用時以腳吸進氣，身內兩關節相拉或用皮毛呼吸。

以不攻為攻，以不退為退，即攻中有不攻，退中有不退之心，方是太極之功。

11/15 —— 以怪怪身行呼吸，才順，不用鼻，用身呼吸即可。

11/18 —— 脫離，放棄，不玩，敗中求勢，各打各的。

11/19 —— 用肘，肘要使力，無論化攻，肘要有使力之意。

腳先應變，腳先應變最快，腳變已調轉周身勢頭。

11/20 ——
1、平常動之時，總喜動肩手，改動腰腿就覺非常安全。
2、平時想沾連粘隨不丟頂，以腰腿為主。
3、以腿作翅飛之想，常常想。
4、用肘使力或吸，要一陣一陣效才大。

11/21 —— 著力在肘（周身勁整）。

氣上下開合為必做。退，用氣由上下向腰合；進，

用從腰上下開，兩腳始 ，否則失去中定。進功非凡，可想而知。

　　假想頂住後面推我腰之想，我快要倒的樣子，用腳力穩住身，隨時這樣練。任何用意之功，只要長期練，均有不可思議之功。

11/27 —— 尾閭定住，活動檔胯，拉尾閭兩邊的筋，身不要亂動。

11/28 —— 欲求不敗，有動即用敗，讓彼落空。欲求不倒，未倒先倒，愈倒愈柔愈 。

　　用呼吸，一吸一纏，一呼一纏，連綿不斷。

11/29 —— 對手相頂時，一做開檔扭胯，彼即跌出。

12/3 —— 拳要先求站得 柔得透，應對來敵，凡動均以胯腿應對，全身空無。

12/6 —— 小腿不倒，勁在小腿。勁在哪練到哪。勁不出身外，以涵拔助勁下沉小腿。

12/7 —— 練以意轉尾閭功效大，此是練意氣，愈練愈足。

12/9 —— 一切動都改為呼吸，用腿呼吸，以涵拔相助，其實仍在脊呼吸，只是氣貫之於兩腿，周身氣動。

12/14 —— 動用胯膝四關節，加上踝共六節，勁達於手指，上身鬆開，下盤穩實。

12/15 —— 發勁用肘挽起地上重物似的，不可用平時之動。抖是抖身上筋骨，不是抖手。出掌用抖全身筋骨，手反而要用縮回來之勁。

12/20 —— **炒栗子**—炒彼身上變動之硬塊。

12/24 —— 出手要能勁大，須將勁集於身內一點。

12/25 —— 用手而不用手上力。
　　仰首勁—發勁時頭微微向後仰，並不露形，勁甚大，這要在周身鬆柔之狀態才可。

12/28 —— 對方力強大，又在變，如用自己是泥漿之意，就輕而易舉推出去，因彼周身僵硬。

12/29 —— 用前額似被推，發力大。要周身鬆柔，胯
檔常保持似鬆非鬆，似展未展。

【附記一 】

1.手要動，不自動，用胯動。

2.胯動應萬動，一柔破萬招。

3.胯動肩不動，身段自玲瓏。

　肩動胯不動，一世是懞懂。

　胯動肩又動，也是糊塗蟲。

4.丟掉實、急換虛。

　意一動，彼已去，似鑽洞，似扶彼，妙極。

5.動功不動身，日日功神進。

　動身不知功，聾人聽唱歌。

6.動中求站，站中求坐，動不離中。

【附記二】記古人詩句比喻太極拳

百年世事三更夢，萬年江山一局棋；

神醫難治心死病，明士能活死後棋。

【第十三冊結束】*2002年7月2日~2003年12月29日筆記*

2004/1/1 ——

　1、意著力膝關節應敵，即上柔下穩。

　2、膝關節與各關節合力，則氣走全身。心中只以
　　關節著力，他處放鬆，不要亂動，則身柔。

　3、著力於骨節，避在肌肉，始有內勁，即所謂勁
　　由骨生。

1/2 ——

　1、在動中，心中存定住劍峯骨（胸骨柄）及尾閭
　　尖不動不移，則全身柔勁。全心以腰胯勁運四
　　肢，不可亂動。以我虛吸彼實即發勁。以虛接
　　敵實勁。走絲勁最佳，一絲在身中自由走動。

　2、太極拳以腰胯調動四肢而已。一動立即心中存
　　不動之意，即生內勁。力著在骨，全身就無僵
　　力。

1/11 ——

　1、胯溝一後拉，發勁強而便捷。先向後，再向上
　　拉，人必跳。

　2、旋肘勁大，再移向肩，彼即出，因已變換虛
　　實。

　3、將勁收斂入骨內，彼自出。

1/12 —— 用胯溝是用胯溝一絲之力向後拉，於是周身柔勁出而能發人。由此而知，用勁發人可用身上一絲之勁。

足踏風火輪，背負泰山行。
身承天地氣，心若深山谷。

1/13 —— 意想背著小孩原地跑步、上山，一定要進入這狀況。多練，發揮腰胯腳之活潑勁。背著小孩，為求肩手不動，並弓腰拔背。

1/16 —— 拳不離檔（勁氣在檔活轉），身必粘地。

1/17 —— 用意不用力，改為用力不用力，易明。

1/19 —— 以呼吸脫離一切有無，肉身、心理、世俗、危險壓力，無論有形無形，一呼吸就沒有了。

1/23 ——

1、胯骨大喊一聲，周身關節回聲大震。

2、周身不用力，以呼吸消除身上之力，即化為整體氣勁。

吸如牛喘氣，呼若龍吐雲。
膝提萬噸土（吸），頭頂千斤石（呼）。

    1、抱虎歸山，用回身抱虎心。

    2、發勁無論用點或細絲、走絲，同樣是將勁集於
      一處（發出絲、點、面之力即可），如此則他
      處柔而無僵。

2/1 —— 自己走入受威脅之境即得順勢，因如此，勁
已集於胯腿。

2/2 —— 沒有凡動的動，力集於肘，則周身勁整。

    心想移柱、拔樹、碎石、掃林、合血、散筋以練
氣勁。合血是周身氣血合在一點，散筋是筋肉散至五
極（即手足頂）。

    意想兩腿向外擴張並向內收歛，以練腿勁。

2/3 —— 平時走路時，意識上一會兒快走，一會兒
停，身上就有感應，練之增長功力。此要注意自身安
危。

2/8 —— 滑溜勁，用片狀滑溜。

2/10 —— 外頂內滑溜，有頂就用滑溜。常想被推，外

頂內滑溜，內勁就出來，又是流動的，又是交錯滑溜的。多練增長功勁。

2/12 —— 太極拳是放棄先天肢體動能不用的拳術，從太極拳要鬆柔不用力就可證明。由於習慣以肢體動能的觀念思考與學習，所以久學難成，枉費功夫。

2/14 —— 對方腿勁大又活，用滑溜勁勝之，不可用一般化粘勁。吊襠縮腿練腿中滑溜勁，勁從腳起（意雖有動，身不動），一動即滑溜。

凡動，滑溜不可少，使用周身滑溜勁大又活，由於太極拳本是內練的內家拳。

2/15 —— 心想皮毛、周身發電麻人。滑溜、發光不可忘，隨時做。

2/16 ——

1、一切用將彼力吸入吾身，先有動作，隨即改吸入，自會用身吸。

2、腿內勁要順變，不可呆滯不變，以應來勢。彼壓來，我即以腿腳順變，不可只走身腰。腳變在先，再以腰腿的變化因應。

3、一動即要滑溜。

4、手（接點）甚輕極輕，心中胯腿極使力。

走架不是動形，而是用意求柔身，勁要滑溜。一想動形，身就亂，就無內勁。

心中有形，但不是走（動）形，努力用胯腿走內勁。就是一想要動，就以胯腿來動，但不要忘了滑溜。

用意鼓勁求柔就有呼吸，氣自動。氣勁都是內練。

2/17 ── 用皮毛發光包之，滑溜勁也可在皮毛。

周身全空，彼不能防，此對對手強而有力者用，必可竟功。如用肉身筋骨，必生有，有即為人能抗，屆時用腿之皮毛發，或吸彼之硬力發。

被一撥會走，全是因為胯腿撐實，身未放鬆，周身僵硬，很容易走。所以胯腿懸於上要柔活，要向下坐，坐下去就不易被撥走。

2/18 ──

1、**主宰於腰**─不是以腰動，而是運動時用腰來調整周身一致，用腰動，身必僵。

2、運動在身內內練，不可在身外。以腰與胯扯動周身筋骨。

3、滑溜用軟滑，不是硬滑。

4、可運用骨，務使周身僵力沉於腳底。

5、不忘屈膝蹲身。

6、**主宰於腰**—運動時以腰扯動胯，調和周身。

7、練時用鼓勁、鼓氣之意，用時以放勁放氣。練架時一歛一放，放中要歛，歛中要放，歛放一體。心中還要放棄外在肢體動，才合要求。

2/19 —— 凡發就要想到用吸，用吸彼回來為發，改頭換面，重要重要！想吸用吸，彼一定出去。妙發！

2/20 ——

1、身上硬力運入腳跟，身繫於大椎。

2、力掛在皮毛太好了，僵硬全下去。凡想用力全用皮毛，這樣就好像浮在空中。凡動全用皮毛之力、皮毛呼吸。全著力在肘一樣可柔，也很好。努力在肘上鼓勁，身即柔。

3、臀底吸天上雲，以為發，彼亦出。

2/21 ——

1、不求有功，但求無功，才能柔。

2、著力於乾坤圈（胸圈），身才下沉。如肩臂用

力，休言下沉，休想有太極拳。

用各關節放大吸，發一定用吸。

用皮毛吸力量最大，吸是吸彼回向我身發。

2/22 —— 明明彼樁步穩，不可動搖，我用扶彼跌倒之心發之，彼竟滑坐下跌。不求有功，但求無功。求有功身必僵，求無功則身柔。自己的兩腿也無力要跌似的，腿才鬆，勁乃出。

兩腿小腿總是柔弱無力，難以支撐似的。

不但用扶人跌倒之心，更要有自己滑倒之心，柔勁才全部出來。

2/23 ——

1、用皮毛發並用涵拔，可增腿力。

2、雙環生萬環，萬環由雙環生。雙環在身上任何處，練運轉周身氣勁。

3、一定要以下蹲的方式，身才柔，但小腿很累。我要蹲下去乾坤圈卡住不能下似的，以求柔身。

4、**主宰於腰**—是以腰調和上下身之僵勁、硬力，以促柔和。中為腰，上為喉，下為踝，負調和之任務，進而各關節都可調和。

力集於地，各節身柔。各關節可取法腰，調和周

身，但仍以腰喉踝三才為主體。

1、欲用自身就用脫離自身，用呼吸就用脫離呼吸，如此則力落於踝。脫離動作，脫離思想，於是周身全空。

2、脫離形與意，脫離三環，脫離動，脫離意，即是想到感到什麼，心中就脫離什麼，脫離己身不用，這都是放棄先天肢體之能。三環在胸腰胯。

3、心繫三環，力集三環，使用三環，只用三環不用身，不可亂動，凡動就是這樣。調和鼎鼐，交流互訪。

4、泥中拔腿，整腿慢慢拔出來，以腿拔踵，練腿之柔勁。

5、有感的地方千萬不能再用，用之必僵，要用無感（虛）處。

6、多活腿之外側內側，則身活穩。

7、丟有感，用身上無感處，丟有感就對。有變無，無變有。

8、泥中拔腿，身內泥沉，提縮小腿，均是求柔身。

2/26 ——

　　1、周身要輕靈，就要周身不用力、輕鬆靈活（著
　　　　力在骨即可）。求輕靈不用力，進功快速。

　　2、蹲矮了練活腿，上面用脖子配合，身自會柔。
　　　　上用腰，下用腿，騰空周身。

2/28 —— 應變穩身用腳，以腳內變化因應。求周身輕
靈，勁不離腳。腳勁與身勁配合。

　　硬力一直往下運，求柔身，發勁好。

　　推手不管推與不推，往下運勁就是，勁沉腿足，
化發都可。

2/29 ——

　　1、心想自身斷裂、碎裂、虛空碎裂，鬆柔勁反
　　　　大，全是氣勁。

　　2、三虛包一實（一腿是實，另一腿與兩手臂是
　　　　虛）亦是發，甚輕。

　　3、虛空碎裂為發勁所必要。即求棄肢體之能不
　　　　用，棄之不用反能有。

　　4、意片（身內意想之薄片）包彼身內硬，彼毫無
　　　　抗拒之能，因我已周身空鬆。

　　5、空鬆身功能大。

對下盤穩固者，用腳底皮發之。

身站得高之時繫身於帶脈，矮時用頸。

3/1 —— **包裹勁**—假想自己是一條被單，包彼整體，功勁強。類同*2/29之4*。

3/2 ——

1、倒時立即下蹲，力在小腿就不倒。上繫於胸環。

2、心中一直在做小跑步，即可即時反應、極快反應，反應即靈。

推手時心中要保持小跑步之心，於是反應快速，是在腳上做，不是一般小跑步，有意而無形。

3/3 —— **筍葉勁**（身似筍葉），勁大，要旋轉。

千層勁、包裹勁，全是身內片、層。

3/5 —— 用旋轉腰胯，使彼倒地。

3/6 —— 一發即退即成柔，無論進退都要柔，一發即縮即柔，一動即縮即柔。

1、**拉吸勁**—拉回發（心拉身未動），類吸回。

2、不用中用側。單側兩側發均可，彼下得很矮，
用腿側拉之吸之發。

側發勁—以側為刃發人。

3、用胯尖合腳跟化或發，並可左右、上下互合變
化，使彼應接不暇。

3/9—— **去僵柔身一句話**，用分胯分腿即可去僵柔
身。運動時不停的用分胯分腿之勁來動，身自柔，僵
自消。

3/12—— 氣歛脊骨，身柔勁大。

氣要走動才能應變快速，不能呆著不動等人打。

撕裂法—撕裂胯及身，以求柔身。

3/14—— **骨節合力**—太厲害，遇到困難求之於己身骨
節收合，柔中寓剛，可化可發。

3/16—— 化勁用撕裂筋骨柔身。不得了！了不得！一
有困難即撕裂（化），內勁即生。亦可用以發。

4/5 —— 動作交給呼吸，呼吸代替動作，周身節節斷連，如百足之蟲，所謂「節節」並不一定是身上關節，感覺得到的都是。

4/9 —— **站穩**—凡動必求腳上站穩。

自身是一個沾粘體，用撕裂筋骨，節節斷連來做沾粘。

4/11 ——

　1、對方愈用力，我以愈柔應之，以求以柔克硬，柔要柔我撐力處，內勁即生。

　2、在腿內拉筋，發勁便捷。

發勁全用意，完全丟脫身、力、動、形，全心發動身內之勁才是正規，並非將力發到彼身。即丟卻有形之身。

4/15 —— 用兩腿相互動，以應萬變。

4/18 ——

　1、勁從骨髓走，乃是真力，因肢體筋脈全然鬆放不用，全是神力。或用**薄片勁**在身內走亦勁大，不可用一般之全身勁。用**關節旋扭勁**亦大。

2、吸氣吸不進，呼氣呼不出，結果全是內呼吸，
　　要求自然舒暢，內呼吸就非一般肢體之能。

4/19 ——
1、用開檔走路伸縮身內筋骨之心打隨心太極，無
　　形無象。
2、愈危急，我愈柔，心中聽其自然，只求小腿不
　　倒。
3、用胯身自柔，上用頸下用踝。
　　氣充周身，意在三環。因如此身已柔，發勁大。
呼吸在三環。

4/20 —— 以臍呼吸脫離一切動靜，倒是很好。一有困
厄，即以臍呼吸全身氣勁，即可解除。平時常練，進
功非凡。

4/24 —— 動尾閭，不動身，以尾閭之力動脊椎骨，如
此練脊椎。以上所言種種，全非一般肢體之能。

4/26 —— **捲尾功**—以尾閭向前捲向嘴之意，求尾閭前
收。
　　以骨動骨—打拳以周身骨動一骨，或以一骨動周

身骨，則周身骨動，是自己在身內自己推手。著意在骨。變內形，不變外形，外形自生。此可在推手中運用。平時練之，增長功勁。

化勁是用下盤，下盤化走，上盤自空。下盤走空，即化走成功。下盤一面化，一面已在打，例如開檔扭胯，可化可打。

粘人要化下盤，上粘下化，名為粘，實在下盤化。以化為粘，才能輕靈，人不知我。

粘一直在化下盤，一直在化，一直有粘的作用，粘化一體。一直在進攻，一直在化，一直令人不知，一直予人壓力，尾閭一直向前捲，腰一直向後弓，胸一直向內含，腰背自拔，以外形動內形。

心中先有動外形之想，始有內形之動，即一有動外形之想，隨即在身內走內形，以外動啟動內動。

4/27 —— 不是動外形，是扭動身內勁，扭空自身。

動就是動身內，呼吸也是動身內。

動先著力在尾閭，才可保持鬆柔。

4/28 —— 用伸懶腰是周身彈簧勁，如手要怎麼用懶腰就怎麼伸，如下按即要以伸懶腰將人管住。

總之要讓腰胯勁發出來，如下按即是用手引出腰

胯勁，不是直接使出手力。

4/29 —— 腳跟使力將尾閭尖縮入尾閭，全身氣充。

　　粘貼要用背。以吸發人，用身上任何處都可吸，不可用手，用喊一聲來發最方便。是用發處喊，非真喊，真喊無用。

5/2 —— 下蹲發，兩手貼在彼身，放而不離。

　　轉帶脈—配合轉尾閭或腕踝，發勁即大而柔。

5/3 —— 用腰背包捲胸前木棍亦可發。

　　想筋在臂內走，發勁即生。

　　記住，一切應對只求自己腰背腿內勁的伸縮，不管其他。再就是加關節旋扭，專心只管做自身伸縮旋扭就可以，進功非小。

5/4 —— 轉動膝中氣，氣通腳，重要！重要！

5/5 ——

　　1、接手只是求碰上，然後再用輕靈勁聽。

　　　雙手似用力，全身勁出。

2、**手推心留**—碰上後手雖想發，但心中卻是留住
　　彼不讓彼出，這等於用吸發。

5/6 ── **軟泥勁**—周身如軟泥。如身向後，身未退而
身內泥勁已流動。身欲向前，身未向前，身內軟泥流
動。以兩手兩腳互拉互扭，身內軟泥勁旋動，此非一
般之力，乃是勁。兩手兩腳推拉，身未見動，身內
軟泥動轉。足趾手指旋轉身內軟泥即旋扭，此為軟泥
勁。

　　推人發出，以推己向後之想，己身未退後，身內
軟泥動，勁大，人不知。

　　拉人過來，以拉己向前之想，人未前，身內軟泥
勁大。以外不動內動為功，著力在手與足處。

5/7 ── 指趾旋動周身勁全出，身才空。配以動胯勁
應對，方妥當有效。

　　應來力用虛處鼓勁，令彼出。

　　兩胯兩膝鼓勁協調互變應敵，胯膝成為勁的根基。

　　用到胯即以胯合膝，用到膝即以膝合胯，互合身
才鬆靈，才穩實。

　　胯中一使力，力就到腳跟上。

　　暴發力是全身氣足後，心想身內氣勁暴發。

5/8 ── 摸到彼身本是為了發，但心中一想不發，用不發之想反能發。發勁者，是發動自己身上之內勁，並非動肢體。

本是用指發，一想不用指發，反生發，此乃內勁。一想不發，內勁即生。如用發之想，這是仍使用外力，反發不出。

5/9 ── 對身柔腿實者，用腳跟勁發、以海浪鼓之吸之發、或用破腳下石頭之心發之，或待其有侵我之意時發之。

周身筋沉到腳跟一點，則身空腳實。

5/10 ── 求身之虛空。呼吸動作不要著到有感處，要著力到虛空處，或著力於趾、指、骨內，或皮毛。

每一動，腳上勁必要貫足。

5/14 ── 動架式走架，在走動中心中以在原地不動之心，不是動姿式，以求動中求靜，動靜合一之功。

三虛包一實，推手時一動即包，有危機時急包之，即生發勁。一實者乃一實腿，三虛乃另一腿及兩手臂。

5/15 —— 完全忘了肉身，專心與外氣鼓盪。吐氣時，想自己身內骨肉被氣吹得虛空粉碎，吸氣時天地之氣充實周身。

5/18 —— 腿撐到時即軟化為柔，不可撐。

5/19 —— 應敵身要放鬆，求無、求空，無對敵之心，要培養此心反而有對敵之功。即接敵不接，周身不接，先求空為基，再求其他。

5/20 ——
1、用一蹲一跳之心，這樣就呼吸在腿，或在踵踝膝都隨意用，練之其功非小。
2、以接觸處之皮毛粘敵，引出周身勁在粘。

5/23 —— 不敗在於變化快速，變化實在兩胯之轉變。任何動，內勁在骨內走要能順。

5/24 調整內勁使身柔，任何狀況都可調整。勁在骨內運轉，順遂舒暢。

5/26 ——

1、要打出去反用縮回來的勁，用自己關節打自己關節，使出之勁更強。以意使出身內之力才是發出之勁。

2、動時心中力求不要動，才生巨力，還要求輕求柔，不要有作為，即定力。求身內之開合，開而不開，即開中寓合；合而不合，即合中寓開，內勁無有不成剛。

求開合已經使出身內之勁了。

用意不用力，主在發揮以意用內勁之功，心想用力，但又要求不用力，即就是在用勁。不是意的能力，是意使出了內勁。

5/27 —— 練拳架是練整個身體的變形，產生各種內在變化，即是所謂的內形，太極拳全是內形。

5/28 ——

1、 **定力不丟**—儘管動，但心中定住不動，即是定力，為拳之根基。

2、用兩腿使出內勁，對方即受到大壓力。

3、彼力大，我以柔溶化之，彼力就消失於無形。

5/29 ── 力由踵發發人，周身氣貫入踵內發。

5/30 ── 敵在前，心中反顧後，背靠崑崙山以為後盾，吸崑崙氣應敵。

應來力，用兩腿作翅狀飛，以此求上空下實，產生內勁。或以踵踢後腰之想，隨機勢而用。或用分檔之勁，使出自身勁來。

6/1 ── 與人推手時，意想與背後之人推手，反打後面的人，身反輕靈。

出拳掌，避免用力，即用意不用力。

6/2 ── 彼以手著我，我周身處處是拳，即以身上任何一處都可化發。頂身後木棍之勢，以增身內氣勁。

6/5 ──

 1、**以身接發**─以身、腿接住彼，心想何必發，妙在以放棄發為發，反能發。如心一想用腰發，不但不發，立即放棄發，以放棄發代發，妙！（就是脫離發）

接敵以身接（腿接），對敵以身對，遇僵柔到底，深不見底。

不停地以身化風，脫離放棄，令彼空無所著。

2、沒有動，只有呼吸脫離身。何處著力就何處呼
　　吸脫離。或動前先求靜。

3、以放鬆尾閭尖發，發勁妙極。

6/6 —— 如何用身接，即用檔胯、用腿接。雙手不向
外用，更要收向腰胯助動。

　　發勁以指頭，氣勁反向身內衝，以充實腰腿之
勁，用以發放。

6/7 —— 用尾閭用力發放，都很好用，手指、腳趾使
力而不用力，反使身有力。以指呼吸，以氣運周身。

　　以尾閭呼吸，手指呼吸。

　　呼吸不能隨便呼吸，要著力到尾閭、踵、指趾、
骨、皮毛等處，或行走骨內。要控制好，不能著力到
要著力處，就是不要用著處呼吸，身乃能空。

　　腳上鬆無力，身就鬆。

　　有氣無力才是鬆。

　　完全用意發，即在發時只要想一下發，敵已出。
用意就已用了內勁。當然一定要在接好後才能發，是
發的前題。

6/8 —— 接敵力全集一胯，全身均柔。三虛包一實，力全集於一胯應敵，用一實。

6/9 —— 骨架內合，力大，手上愈輕力愈強，發中根本無用肢體發人之想，全用功勁發。

6/10 —— 推手用力集膝頭，壓在膝以下，轉踝。推手原來以腰胯活變腳中勁，化用腳勁，由腳而踝而小腿，上不過膝。

6/11 —— 用站也站不高，蹲也蹲不下，縮也縮不進，伸也伸不出，練內在伸縮，乃基本勁。

以腰胯調身勢，配合腳站穩，任何動都一樣。甚至呼吸也要，如能做到則不敗。主要的是腳之站穩，實是立身之基本。

心中常想著腳上站不動，要倒下，反能增腳勁。

腳上無力乃是真勁。先培養腳之無力，才有無力之力，乃是勁。

出周身無力之力，更厲害，已全是內勁。

虛五與十（五是肩胯及腰椎，十是肘腕膝足加尾閭及大椎）各關節都著力，全身放輕，勁甚大，氣噴到手指。

先假（引）後真（發）先左後右，「有左即有右」。先後後前，「有後即有前」。

6/13 —— 運腿氣彼即感壓力大增，提吸地氣至襠腿，彼壓力愈大。

心中沒有信心，反而功大勁大。因為沒有了力，有了內勁。也就是去了先天自然之能，產生了後天學習之功。

6/14 —— 出拳心中不但是不用手，更要周身無力、兩腿無力，就有了勁。

三虛包一實，要用三虛讓給一實用，用一實，用一實呼吸。

6/15 —— 意在精神不在身（力），妙在一氣分陰陽。

但求無功，但求無動、無力、無身、消極無為，太極拳是無為而有為，並非有為之功。有為是用力，無為是不用力，不用力而有了勁。勁的壯大，要由後天的培養，愈養愈強，乃能勝過力。

凡動都內滾關節，運作內在氣勁，無外動之思。有如在卡車上以腰調關節穩身一樣，倒時以有依靠之處之心，則能身柔腿穩。

都在靠著，前靠後靠，左右四處，站也有所依靠似的，身才鬆柔下沉。以有依靠似的，非腿撐著，而是依靠著他物，隨時隨地如此，以養鬆沉之功。每行一個功，都要做到最深處，不可淺淺行之。

手吸回遠處氣，配以周身骨節內合旋轉，內練氣勁。

6/16 —— 發勁用抗木棍頂我之心，產生反彈之力，就可脫離俗發。

不求有功，求不頂，伸不動，縮不回，身內軟泥流沙走動。

千萬不要用一般肢體動作發的思想，用了就用了力，身必硬。要用在自身內發出內勁來發，才是發勁。只要不用力，就有內勁。

6/17 —— 腳懶得動，勁反到腳上。懶得動腿，腿勁反足。由於棄了力，勁就來了。

6/18 —— 兩胯走路，以兩胯帶周身動，隨便自由走。兩胯求隨意動就是了。動胯已不再是一般的動，而是運動胯腿，發勁也只要用胯腿就可以，手上就可沒有力。任何動靜都是求使出胯腿力，發於胯腿。

6/20 —— 動要用扭，腰胯配腿互扭。不可用動的，一動身就僵就浮。扭靠縮、靠伸，伸縮絞扭，一氣呵成。

有氣勁後，一緊一鬆尾閭，即可一切都有，尾閭帶動了呼吸。

6/21 —— 拳在骨中打，人不知。氣勁在骨中走。

6/22 ——

1、用腰胯抖碎自身各關節，內勁出，身要柔才可以。一切功，都就在鬆柔狀況下而言，不鬆柔，什麼都沒有。

2、坐著心中用臀走路，用胯球轉，也是練拳。

3、力集於膝胯或肩等，然後合全身各關節，身即生抖動。

4、凡動必以勁氣上下錯動，以分陰陽。因勢錯動，勁氣不可滯，若滯以球助之。

6/23 —— 以自己身內腰腿氣摸自己手指，氣大增。

6/25 —— 走架全是作勢，作勢而已，是求柔之勢。

徹底放棄自己先天本有之能，就是大自然的功，

也就是無為之功。

6/26 —— 堅如金石，周身內勁有堅如金石之感。以肘使力，兩臂感堅如金石。

6/27 —— 彼攻來，我就是不與他玩（化），作勢迎彼（蓄），預留發彼之勢。
　　接敵不接—身（心）接心（身）不接。
　　發敵不發—身（心）發心（身）不發。
　　粘敵不粘—身（心）粘心（身）不粘。
　　神形分陰陽，心中分陰陽。

6/28 —— 動時心裡有讓腿靜止不動之心，腿就鬆。
　　讓給天地立功，我不立功，但求無功，而能有功。非我主動之功，即是天地自然之功。

7/4 —— 太極拳之功重在作勢，打出拳味，似鬆非鬆，將展未展，即是勢。

7/7 —— 以胯打踵（合踵）應對。用胯拔鞋。一膝一胯鼓勁，一鼓周身已柔。勁集中於一點。前有對手，但我心反不應前，而應左右後方，則身反鬆空。

鼓一處（一點）勁，周身勁柔。化發均如此，以準備倒才鬆。彼未推我，我心中已作順勢倒。作倒勢而有發勢，作而不發，作勢出拳。

倒就倒反不倒，身未倒腿先倒。

兩儀功—練架形還未動，身內陰陽二勁已上下錯，並以身內圓球助之。

身未動，心中氣勁已經動得快又活，意動身不動。

7/8 —— 練架練肩胸背讓給腰胯腿去動。

7/9 —— 以胯尖合胯溝鼓勁應四方之敵，以寡敵眾。上下錯遇到卡時，以圓球調和之，或彼推我生頂時，以圓球調和。

7/10 —— 勁控制在脊內，行於骨中，著於一點，則柔。

7/11 —— 身似浮著、坐著，腳似托著、抬著，身即沉。

用胯尖呼吸鼓力，帶動周身。

勁走線狀，與踵連，走骨中。

7/12 —— 身上著力的地方很重要，亂著力會僵。用著力在骨、胯或踵。力集於骨內很重要。

7/14 —— 發人是騰空己身，吸彼之力，己身消失於無形。

　　未動之先，必先調整身內的氣勁以求順（作勢），以摺疊來調整。

7/18 —— 觀念中不是動，而是作勢。

　　任何動身作勢，要有在原處站穩自己不動之心為要，使腳上有力。

　　應變不夠快都是腳中變得不夠快，氣勁呆滯不活。要使變化活潑，先調好腳勁才能談其他。用胸圈連腳調腳勁。無須動，摺疊即可，先摺疊再動。

7/19 —— **腳爪功**—以意用腳抓地，不可用力。

7/20 —— 把身空才是力，求不用力之力，乃是勁。

7/23 —— 哪裡著力動就用哪裡呼吸，以呼吸來消僵。

7/26 —— 以百會之氣發，勁極大，大過其他氣。

7/27 —— 以腳抓石，空百會，氣即足。

全用摺疊動，動先摺疊再動，勁像一塊布一樣摺疊。

7/28 —— 不用腳力撐，用胯向橫向分開（開胯），腳上勁自生。

7/29 —— 想像不是打拳，而純粹是變化清氣。心中想著清氣的變化，好似被風鼓動的海浪，又似被風吹動的一朵雲，飛舞變化。

每一動都要上下氣相連呼吸，身就柔得像氣。上（胸）氣吸下（腿）氣，下氣吸上氣，上下互吸。

心存倒下敗下，身柔得多了。

7/31 —— 先摺疊轉換再動，處處都可轉摺，其實已不用再動了，已經動好了。

8/1 —— 有如活變的一片布包彼頂來之力，以敗為化，必可反背為順。

「**無有入無間**」（《道德經》第四十三章），以意入彼身，用柔和之氣來包彼身之僵，此即無有入無間。

8/2 ── 敗心是最好的柔身之法。

8/4 ── 走架要找實筋拉，不是用力拉，而是舒拉。
應敵首在腳勁靈變。
要倒時馬上作跳勢就不倒。

8/7 ── 以敗來化，必可反背為順，因敗中已有勢。

8/9 ── 先察測敵何處打來（即彼實），相機擊其虛。

8/11 ── 不可身動變而腳不變。凡倒都是由於身變而
腳跟不上變，故倒。

8/12 ── 肘可以啟發周身勁。上臂下臂互絞，周身勁
合臂勁，大腿小腿氣亦可互絞。

8/15 ──
1、用腿胯踝乃至腳底趾等一點吸呼，周身輕柔。
2、勁出於肘尖連腕根尖，前臂堅硬異常，氣由肘
尖腕根尖噴出或吸入以練氣。

8/16 ── 是以身動腿，不是以腿動腿。應對人來推，

以意以上身動腿應對，乃能上空下實。

8/18 —— 用走路之心求發於腿，調節腿之勁，由腰向下調節，真正的主宰是心。

動前必先在踝、足、趾至小腿間摺疊轉換，招式也隨之動了，此極為重要。

用折疊轉換來動，上用涵拔配合，這樣就完全沒有自己的動了。

8/20 —— 踝腿勁先轉變，周身柔和。神上貫玉枕、百會，下至湧泉，貫於手指。

8/21 —— 用身內一點吸外氣，向身內集中。

力集於點，勁才不亂，周身勁鬆，無論化發均如此。

8/22 —— 打拳意動形不動，實際上形也不是都不動，只是心中要有不動之意。即是以意來動，也就是動中求不動。

凡用勁心要著於骨，骨為根，身乃柔，勁乃出。

8/23 —— 只用大椎、兩胯、腳背中之點因應。勁氣收

集於點，則周身空。不但脫離了身，更脫離了呼吸。

8/24 —— 將相頂之力沉向下，沉下去，就可消化來力。

8/25 —— 動要找出上下錯之勁。彼一動，我以胯應之最快。

8/27 —— 接點為支點，不可動。彼身為重點，我身虛點為力點。

以皮毛鼓盪內氣外氣，發柔穩之人。只此一法，足可成太極拳。

應用不離皮毛。

丟手、放手、不用手，勁即下落於腿。

8/29 —— 打拳用虛腳、虛腕扭之力，身才不僵。

8/30 —— 欲令人搆不到，就要求己之周身輕舒柔綿，順遂和暢。

9/7 —— 積極與消極互變，積極是緊是有，消極是放是無。即生內氣的一呼一吸。

9/9 —— 動即找身內圈轉，一或幾個。

9/12 —— 想自己是風中一方飄巾，則周身輕靈。以踵鬧海，發以欲發即止發。

9/13 —— 不給搆到，求有利的勢，勁自到踵。

常想自己是一方飄巾。

要怪，愈怪身愈軟、勁愈強，怪身就軟身，怪無底。

求虛無己身，是最高境界。

9/14 —— 走架先抽動大腿骨。

全面改變—彼一碰我，我周身氣即全面改變，使彼落空。一定要全面改變。

9/15 —— 運動要氣貫於手與足，手不動，腰胯動。

9/24 —— 動時要注意周身關節中正安舒，分胯用震斷圍在胯上之帶子之意。

9/27 —— 絕不動（動是指平時一般的動），只有膝配周身關節轉動，一動一切都亂了，機能全無。消盡肌

力，勁全在骨。旋關節，周身勁要收斂入骨。

　　勁只能在骨內，不可在肌肉，在肌肉即生僵，為人知。所以勁由於骨。

9/29 ── 自動非太極，一切形皆用胯腿之動而成，不動自動，自動就是先天自然之能，非太極拳的道路。微觸、微變，我即全面應變之。

10/1 ── 脫離就是發，如用拳招脫離，一打拳招，就脫離原勁，故可發。

　　站，隨時要有站穩之意。

10/2 ── 用時脫離自己能力，放棄能力，脫離自己，脫離感覺，即是求放棄先天自然之能。即是脫離原勁，放棄原勁。

10/8 ── 練架是求脫離平時一般性本有的動。以腰胯動變身成招，脫離一般動作。

10/12 ── 膝使力，身則柔。肘使力，身亦柔。

10/13 ── 勁要起於腳跟，不能亂起，亂起生僵。打

拳雖用腰胯，但有避而不用之意，才是真用，用而不用。

10/16 ── 以縮踵踝至胯腰吸人發，則輕妙（發人用吸人），自身安全。

10/17 ── 尾閭用力，周身勁出。這全在心中的想。

10/18 ── 虛實即陰陽，在意識上，內在氣勁一定要分為一陰一陽，使一氣分陰陽，而有陰陽虛實的變換。

被撥動真正原因在於身未鬆，根未穩，氣勁未下沉。勁氣繞過腳，以穩根。

10/19 ── 只作勢變內形，不是動外形，外形自隨動，此即陳品三氏云：「外之所形，莫非內之所發。」

10/20 ── 接敵接到空，令彼全無著落。

身有動靜，腳氣一定跟著旋。

10/21 ── 深入明彼虛實。心中要有掤意，勁才出，心掤身不掤。

10/22 —— 用意練用腳向上跳（非真上跳），一跳即周身勁出，並產生呼吸，以練氣勁。（一跳一蓄）

　　腿中鼓氣一鼓一放，即呼吸，用腿呼吸。

10/24 —— 必先動手，隨即不動，如此內勁自動。動他處亦同，一動即不動。

　　拳全在踵中變化，以心想。形未變，踵內氣勁先變。

　　發勁不是一般的發法，要為而不為，發而不發，才是勁。如用身動則全是力，而非勁。

10/30 —— **神針**—神針穿空發勁，妙極！心注視針飛過去。腳底發光發，向上與向下發光均可。

　　神針可以稱之為「**飛針**」、「**穿空針**」，以心注視針飛馳而過，從我身飛向彼身即可發。

　　鬥牛功—鬥牛功是全用臀胯，拋棄肩肘，用周身之勁對應。到後來全是呼吸，如水一樣，遇阻則讓，遇隙即進。運勁要找順暢之路走，才活潑無滯。

　　細絲勁厲害，滿身細絲上下走、上下流，變化無窮。

11/1 —— 勁要起於踵，不可亂起，亂起則動肩或生僵。

11/2 —— 凡動必先找身內動。

勁運指上，俾全身透空，令人害怕。

運用脊，力集於脊，則全身空無。

不動自動，鼓內勁動，不是身動。

11/3 —— 走架完全避走原招式，不走原路徑。動就是變化內勁，心中想著變化內勁就是了，不想原動作，則周身柔綿無比，即不動自動。經歌云：「**運勁如抽絲**」、「**意氣須換得靈**」。

11/4 —— 雖用指，功實出於身內之勁。

11/7 —— 只練骨，動骨就可以，身必柔，勁必強。出掌用身內錯勁，就可很強，勁在骨。

11/8 —— 以意鼓勁，鼓動踝胯即生呼吸。

內在氣勁要似風中浮雲，忽隱忽現，變幻莫測。

11/9 —— 局部勁一鼓，即生變化的柔勁，彼不能進。

11/10 —— 用身氣合腿氣柔身。非腿中運氣，用身氣運腿氣，周身氣上下鼓蕩。

11/11 —— 身內一氣分陰陽，互相吸引鼓盪。

11/12 —— 不用化之舊法，用皮毛攻，筋骨鬆。
骨節用力（意力），皮毛吸氣入骨。
使力用使不出力的地方，即全是意，身不會僵。

11/14 —— 身內上下錯勁，前臂氣充。
發絲、點或面之勁，自會發周身勁，則勁由腳跟起。

11/21 —— 我腳著力彼失跟，推手時用之。發用之。

11/23 —— 活化在腿，不要在身。一般化不開都由於自己在亂動身化。以腿氣與掌氣相應，才有實效。

11/26 —— 以百會呼吸，氣貫周身，氣順又大，練內功。
神反應要快、要細微，以神先動，非先動體。已漸入用神之境。
神反應在先，即意在精神不在氣。

11/28 —— 拋棄己身發力大，此乃勁，也可拋棄腰、

踝，或骨，身才柔，勁才大。

　　以意將力由踵拉至膝即成勁，極有用，周身柔，跟亦穩。

12/1 —— 以檔胯呼吸，勁連至踵，應對來敵。

12/2 —— 動用呼吸，不呼吸則不動，呼吸用骨、髓，使意力呼吸，用虛五與十呼吸。呼吸則周身氣勁動。

12/3 —— 換勁用借天地氣，不在身內換。
　　凡動必先停住後再動，以充實跟勁。

12/4 —— 沾粘抽絲，可用踵與指連貫，使出內勁。

12/5 —— 勁留身內打自己。
　　內勁流變，要意貼背合膝。
　　氣注指掌連接彼身。
　　外力排山倒海來襲，我處之泰然。
　　發勁必以吸或勁打自身，自身勁出。

12/6 —— 足跟常鼓足氣勁。
　　動姿式，但心中有被擋住之意，則生意勁。只動

下盤，不可只是動，動而不動內勁才出，宜走內勁。

12/7 —— 全用呼吸就不會用身。呼吸用腳與周身相連，貫於手指。

12/8 —— 以意力拉身內之一根筋，可發人。

12/10 ——
1、動常會浮，因為用凡動。要不斷充實己體中的定力，動中求不動，必先有動意，隨即才有不動之實，才不浮，才有內勁出。

2、**內合勁**—動則以兩點（上下四方均可）內合生勁，合中寓開求柔，運作內勁。

12/14 —— 集中意力旋轉腿勁，上身自柔，腿愈有力身愈柔。動即要心中有定住身不動之意。

接敵心中用皮毛，不用手，求舒放，不要斷。發用實處呼吸放。

12/17 —— 發時不向外，反向內收回，全放棄力，力才大、才全出，此乃勁。

12/18 —— 發勁是用放，不是發，蓄了以後才能放，正如放箭。

心攻身不攻。

要內勁動，身必有定住不動之意。切不可只是動，要有噤若寒蟬似的不動。

12/19 —— 內勁似彈簧，愈壓勁愈強。

發人用勁是放，不是用發。

動必先定，動中仍定。發用吸彼回。

12/20 —— 彼以變攻我，我以內氣圓轉，應變最靈快，並可發之。

12/21 —— 不是動，以呼吸取代動，呼吸不能停。如鳥張翅膀之頻頻飛行。

蓄勁呼吸用吊襠，氣在襠中，發才勢猛。氣貼於背著於關節，各關節放空呼吸。

12/22 —— 進以壓襠，退以吊襠。既棄肌體不用，即以運行氣勁因應，一有動靜，即以或吸或呼，搶先接下代肌體動，不可斷，以心行氣，以氣運身。

12/23 ── 以意在胸前皮毛轉氣，勁連腳。在腰後轉氣勁連手。

12/25 ── 發時動即改靜，勁乃大，人不知，一動即靜，以靜代動乃是勁。所以靜的功奇大，心一動，即求靜，勁即出。俗以動應，道以靜應。又，吸隨即不吸，呼隨即不呼，亦在定住求靜，勁反大。（即用意不用力）

　　發人是用消失自己，也是一動即靜，消失是消失自己動能，也是消失先天自然之能。

　　推手不推，胯推己不推，胯推乃用胯動即是，動胯即是推。胯動而身未動，即動中求靜。

　　兩胯呼吸即是動，氣貫到腿。呼吸一樣求靜，不呼之呼，不吸之吸，妙！身（吸）呼心不（吸）呼。

12/26 ──

　1、心推身不推，心打身不打，全是意。用意不用力就是如此，以心打，把身丟在一邊。身上有氣勁，就有具體感覺。
　　太極運動之能純正，要求陰陽分明，棄盡自身動能，即棄先天自然之能。

　2、腳有滑倒之意，足踝、足背即全鬆，極重要，才可丟掉身體。

12/29 —— 心中以身使出腿力，腿使出踵力，身使腿，腿使踵。以踵力跳，功非小可。意守百會，配合腳背一放，亦是發。

12/30 —— 粘制人全在避彼頂制彼虛，我愈舒暢，彼愈不舒暢。氣勁一定要貫到指掌。

　　旋轉氣勁球，功非小可，著力在指與足。

　　　　　　　　　　【第十四冊結束】*2004年1月1日~12月30日筆記*
　　　　　　　　　　陳傳龍於2019年5月10日重新修潤整理完畢。

柔身十二法
｜太極拳內勁心法｜

陳傳龍 / 創編 *2017/10/1*

第一法、**縮身蠕動**

第二法、**扭開關節**

第三法、**以筋洗骨**

第四法、**扭轉腰帶**

第五法、**勁起於踵**

第六法、**動中求靜**

第七法、**昂首鬆身**

第八法、**扭脫衣物**

第九法、**泥中拔腿**

第十法、**扭旋四肢**

第十一法、**收放骨節**

第十二法、**動以柔弱**

◎ 前言

1、柔是太極拳的基本體，能柔才能有太極拳，也才能會太極拳。

2、求柔之目的是在鍛鍊內勁，能柔而能有內勁，所謂極柔軟，而後能極堅剛，剛是由求柔而生的。

3、本法是內在之功，沒有固定的外形姿式，自由自在，如何方便就如何操作，只要是自然舒暢的姿式都可練。

4、本法亦無操作的遍數可言，由於自然舒暢，遍數愈多自是愈佳，一動一靜即是一遍。一般而言，每法以操作十二遍為準。

5、操作時，切勿加入其他的方法，以免影響效果。每一法練時，內勁都要通到手指。

6、本法操作的基本要求為在動作中力求慢、輕、鬆、不用力。如果在太極拳走架中，不心求外在形式，而求本柔身之法，則功非小可。

◎ 著法

1、【縮身蠕動】

人體的一般運動是關節運動，只要一動，身上就會產生僵硬。一般打太極拳由於多用這樣的方式來動，所以苦於無從鬆柔；用縮身蠕動的方式，就非一般性的關節運動，自由自在，並無固定的姿勢樣式，只是縮著身體做蠕動性的動作，全是向內做伸縮蠕動的內在運動，這樣就可柔軟，並增長內勁，手上身內都有感覺產生。身體如果沒有縮的話，就不容易做好蠕動的動作。反覆多作本法，功非小可。

2、【扯開關節】

人體都有關節，用拉扯的方式把身上每個關節都扯開，也是一種柔身的內部運動，使關節外面的筋扯長，增加身體的柔綿度，可以增長內勁。由於是內部運動，無須有外在固定的形式，雖無招式，實是有無數招式，無招勝有招的道理也就在這裡。

3、【以筋洗骨】

用扭扯的方式，在動作中心想以筋肉擦拭骨節，以產生內部運動，身體就可柔而不僵，以和通氣血，增長內勁，有助於養生益壽。行住坐臥隨時可做，無一定形式。

4、【扭轉腰帶】

假想腰上圍了一條腰帶，用扭扯腰胯的方式，使腰帶在腰上轉動，同樣可促使內部運動，五臟六腑受益，增長腰胯腿腳的內勁，身上手上有氣感產生。無固定的姿式，只要尾閭中正，不要擺動，任何姿式都可練。

5、【勁起於踵】

本「柔身十二法」中的任何動作，勁都要先起於踵，

也就是動時踵勁要先動，由是周身柔綿，氣血和暢，內勁增長。任何動作都可練習，主要使勁先起於踵。

6、【動中求靜】

是太極拳動作的基本，是在動中求不動，這也就是所謂的動中求靜，這樣就可產生內動，而可周身柔綿，增長內勁，僵力全消，是有很明顯的內動的感覺的。任何姿式都可動中求靜，所以無固定的形式，只要有動就可以求不動，但仍在動，使動與不動合為一體，即是所謂的動靜合一。

7、【昂首鬆身】

昂首是把頭向上抬起來，昂首鬆身是頭抬而未抬，只用上抬的力量向下鬆柔身體，也是促動內動。昂首時心中要輕而不用力方可，由是而周身柔軟。任何舒暢的站立方式都可練習，也是內勁的培養。

8、【扭脫衣物】

用扭扯的方式心想把身上的衣物扭脫掉，主要是在求扭扯內在筋骨，促使筋骨的內在運動。由於非關節運動，身體十分柔軟，鍛鍊內勁，和暢氣血，可養生益壽。任何姿式都可扭扯，無須固定的姿式，只要自認

方便的方式都可以。

9、【泥中拔腿】

假想兩腿在泥中，深及大腿，努力用勁把腿拔出來，由是周身一定是柔綿的，以鍛鍊柔綿的內勁。常練以促使內勁的成長，任何姿式都可拔，無固定的姿式。

10、【扭旋四肢】

心中以四肢作螺紋樣的扭旋。初學者雖無感覺，但內在氣勁已在扭旋，日久會有感覺產生。同時也可以尾閭配合一起扭旋，假以時日，可使周身氣勁一起扭旋，任何姿式都可練習，並在動作中要扭中求不扭，方能產生作用。是在一心求內在氣勁的扭旋，不是外在肢體形式的扭旋。作時可以身體微動略為配合，不可用力大動。作時只要心想作螺紋扭旋即可，不拘何種方式。

11、【收放骨節】

以收放的方式，心想把周身骨節放大至無窮，並以身體輕輕微動來配合，再收回縮小為一點，以動作與意想配合一起反復的做，以鍛鍊周身筋骨，增強內勁，同時和通氣血，以達到養生目的。任何姿式都可收

放，無須固定的形式。骨節雖未見收放，但內在氣勁已收放。

12、【動以柔弱】

堅硬用力是一種力量，是硬力；柔弱不用力也是一種力量，是內勁。在動作中求柔弱無力是求化硬力為內勁，任何姿式都可以練。在動作中心求柔弱無力即可，愈柔弱愈不用力愈佳，無須一定的形狀姿式。太極拳不用力而能為拳術，即本於此。求柔弱即可產生內勁，所以有內勁是不用力之力之言。

◎ 附註

1、打太極拳的苦於不能鬆柔，由於在動作時使用一般性的關節運動，這是先天自然之能，人人生來都能，是絕不可能鬆柔的，一動便僵，一試便知，由於是錯誤的操作方式，根本走在不同的道路上，不可能練成太極拳，不言可知。

2、內勁本是柔中有剛的柔軟體，打太極拳的對與錯，凡在動作中能柔軟，全都對，不拘何種形式；不能柔軟而生僵硬的，全都錯，任何形式都錯，都是空求白練，不可能成就太極拳，功夫再高也非太極拳。

太極拳架式39式

陳傳龍 *2018/3/9*

▲練架式的目的

　　太極拳是內家拳，不同於外家拳。外家拳用力，在架式中求堅硬有力，使用有形的肢體；太極拳是內家拳，不但不使用堅硬有力的肢體之力，更在架式中求鬆柔不用力，以求棄盡本有的肢體之力，轉化為既柔軟又堅剛的內勁，也就是將原本的凡俗之體，轉化為太極拳的剛柔之體；不求外在肢體之使用，而求使用內勁，是太極拳練架的主要目的。內勁愈練愈強，終至勝於外力。

　　使用外力人人生來能知，是先天本有之能。內勁的修習要有後天的學習，所以太極拳有其不同於一般運動的內容，並非以一般運動的觀念所能理解，而內容高深。

▲架式的運作

　　太極拳雖有定招定式的套路招式，但非以打定招定式而有太極拳，而是在於運作心中的內在著法。太極拳有經譜歌訣傳承，經譜歌訣所言全是內在著法，才是太極拳之所在，所以不能認為套路招式就是太極拳。能有內在著法才能有太極拳的作用，太極拳沒有

一定的姿勢招式可言，能有內在著法，任何姿式都可以是太極拳；沒有內在著法，任何姿式都無太極拳可言，只是一個一般性的姿勢動作而已。之所以有定招定式，由於初學入門一定要有姿勢動作才能練內在著法，功成以後，就可自由自在隨意動作。所以十三勢歌云：「仔細留心向推求，屈伸開合聽自由」。本『太極拳透視』筆記上中下卷共9冊所記，也全是內在著法。

拳經云：「凡此皆是意，不在外面」，即言太極拳是意，不是外面形式。十三勢歌亦云：「勢勢存心揆用意，得來不覺費工夫」也是言要用意，意是心中的內在著法。先輩陳鑫氏云：「拳在我心」，內在著法在於心中，所以言「拳在我心」。由於太極拳是心中的內在著法，而非外面形式，各家先輩宗師都有太極拳不在外形姿式之言，所以古來學習太極拳，都強調要得其真，失去了真就失去了太極拳。

▲架式名稱表

一、預備式（渾元無極椿）

二、起勢

三、掤（左式、右式）

四、搌

五、擠

六、按

七、單鞭

八、雲手（左式、右式、
　　左式、右式）

九、靠

十、白鶴涼翅

十一、摟膝拗步（左式、
　　　右式、左式）

十二、手揮琵琶

十三、搬攔捶

十四、倒攆猴（右式、左
　　　式、右式）

十五、海底針

十六、扇通背

十七、翻身撇身捶

十八、掤（左式、右式）

十九、搌

二十、擠

二十一、按

二十二、單鞭

二十三、玉女穿梭（一式、
　　　　二式、三式、四式）

二十四、斜飛勢

二十五、掤（右式）

二十六、搌

二十七、擠

二十八、按

二十九、單鞭

三十、下勢

三十一、金雞獨立（左
　　　　式、右式）

三十二、指襠捶

三十三、轉身白蛇吐信

三十四、十字穿掌

三十五、彎弓射虎

三十六、搬攔捶

三十七、似封如閉

三十八、十字手

三十九、合太極

| 眾妙之門・下卷 | 8

太極拳透視

作　　者｜陳傳龍

發 行 人｜曾文龍

總 編 輯｜黃珍映

文字繕校｜林燦螢、黃珍映、薛明貞、沈盈良、鄭秀藝

美術設計｜劉基吉

圖片攝影｜吳文淇

出版發行｜金大鼎文化出版有限公司

　　　　　臺北市 10688 大安區忠孝東路 4 段 60 號 10 樓

　　　　　網　址：http://www.bigsun.com.tw

　　　　　出版登記：行政院新聞局局版北市業字第 200 號

　　　　　郵政劃撥：18856448 號／金大鼎文化出版有限公司

　　　　　電　話：(02) 2721-9527　傳　真：(02) 2781-3202

製版印刷｜威創彩藝印製有限公司

總 經 銷｜旭昇圖書有限公司

　　　　　地址：新北市中和區中山路 2 段 352 號 2 樓

　　　　　電話：(02) 2245-1480

◆2019 年 8 月 第 1 版　◆定價 / 平裝 新臺幣 350 元

◆ ISBN 978-986-97217-4-5

國家圖書館出版品預行編目（CIP）資料

太極拳透視：眾妙之門. 下卷 / 陳傳龍著. --
第 1 版. -- 臺北市：金大鼎文化，2019.08-
冊；　公分
ISBN 978-986-97217-3-8(第 7 冊：平裝). --
ISBN 978-986-97217-4-5(第 8 冊：平裝). --
ISBN 978-986-97217-5-2(第 9 冊：平裝)
1. 太極拳

528.972　　　　　　　　　108011124